KB210199

교회란 무엇인가?

정말 교회마저 없다면,
이 불신과 야만의 땅에서
하나님 나라를 꿈꾸고 맛볼
마지막 기회가 사라질 것입니다.

우리는 교회인가?

지은이	배 덕 만
초판	2020년 10월 15일
초판 2쇄	2023년 8월 21일
펴낸이	배용하
책임편집	배용하
교열교정	김정현

등록	제364-2008-000013호
펴낸곳	도서출판 대장간
	www.daejanggan.org
등록한곳	충남 논산시 매죽헌로 1176번길 8-54, 101호
대표전화	전화 041-742-1424 전송 0303-0959-1424
분류	목회 | 신앙 | 교회
ISBN	978-89-7071-538-4 03230
CIP제어번호	CIP2020041694

값 12,000원

우리는
교회인가?

이땅,
하나님나라

배 덕 만

정말 교회란 무엇인가?

차 례

프롤로그

교회란 무엇인가?

오랫동안 대다수 그리스도인에게 교회는 질문의 대상이 아니었습니다. 너무나 당연하고 자연스러웠기 때문입니다. 그런데 한국교회의 성장이 둔화하고 교회 안팎에서 갈등과 분쟁이 확산하면서, 신학자와 목회자뿐 아니라 교인들 안에서도 교회의 본질에 대한 진지한 물음과 토론이 시작되었습니다. 이 과정에서, 교회에 대한 학자와 목회자의 연구, 실험, 대안이 수많은 책을 통해 쏟아지고 있습니다. 이런 현상은 교회 안팎에서 교회에 대한 신학적 · 신앙적 관심이 증가하고 있으며, 교회를 바로 세우려는 비전과 헌신도 고조되고 있다는 증거입니다.

"교회란 무엇인가?"란 질문 앞에서 대부분 그리스도인은 당황할 것입니다. 일차적으로, 이런 질문을 던지는 것 자체가 황당하고 심지어 어리석어 보이기 때문입니다. 교회에 다니는 사람에게 교회라는 존재는, 인간에게 물과 공기라는 존재만큼이나 익숙하고 당연합니다. 너무나 자연스럽고 당연하기 때문에, 그것의 존재와 의미에 대해 고민한 적도, 그럴 필요도 거의 없습니다. 그러므로 이들에게 "교회가 무엇인가?"라고 묻는 것은 그야말로 쓸데없는 짓이요 시간 낭비일 뿐입니다.

하지만 어떤 이들에게 이 질문은 너무 어렵고 혼란스럽기 때문에 크게 당황스러울 수 있습니다. 어떤 이들에게 교회는 그리스도인들이 모여 예배하는 건물입니다. 하지만 어떤 이들에게 교회는 종교적 용도의 건물이 아니라 신자들의 공동체입니다. 신학자마다 교회에 대한 설명이 다르고, 교파마다 교회론에 차이가 있습니다. 이런 상황에서, "교회란 무엇인가?"란 질문에 간단명료하게 대답하기란 절대 쉽지 않은 일입니다.

'가나안' 성도

요즘 한국교회 위기론의 대표적인 증거로 소위 '가나안' 성도 문제를 지적하는 분들이 적지 않습니다. 가나안 성도는 교회에 '안 나가'는 성도를 지칭하는 신조어입니다. 본래, 가나안 성도는 함석헌 선생께서 70년대에 세상의 불의를 보고도 세상으로 '안 나가'는 무심하고 비겁한 그리스도인을 비판하며 붙인 비판적 · 냉소적인 표현입니다. 그런데 근래에는 다양한 문제로 갈등의 시간을 보낸 후 교회 출석을 중단한 채 홀로 신앙을 지키는 그리스도인들이 증가하고 있습니다. 그 수를 정확히 파악하는 것은 불가능하지만, 연구자들은 대략 100만에서 150만의 그리스도인들이 현재 이런 상태에 있다고 추산합니다.

이 땅에 완전한 교회는 없습니다. 심지어, 극심한 갈등과 분열로 고통의 원인이며 비판의 대상이 되고 있는 교회도 적지 않습니다. 그럼에도, 대다수 그리스도인은 매 주일 교회에 출석하며, 교회를 중심으로 삶을 이어갑니다.

하지만 가나안 성도의 수가 꾸준히 증가하고 있다는 사실은 "교회란 무엇인가?"란 질문에 새로운 차원과 무게를 더해줍니다. 교회에 다니지 않는 사람을 성도라고 부를 수 있을까요? 만약 그들을 성도로 칭할 수 있다면, 교회 없는 신앙생활도 가능한 것일까요? 그렇다면, 교회가 필요한 이유는 무엇일까요? 가나안 성도도 새로운 형태의 교회란 말인가요? 결국, 교회에 대한 기존의 정의가 전면적으로 수정되어야 하는 것은 아닐까요? 정말, 교회란 무엇인가요?

목사 vs 평신도

전통적으로, 신학자들은 제도로서 교회를 설명할 때 성직자의 존재 여부를 결정적인 요소로 지적했습니다. 교부 키프리아누스 Thascius Caecilius Cyprianus, 200년?-258는 '감독 없이 교회는 없다'라고 천명했습니다. 이후 교회사에서 그의 교회론이 막강한 영향력을 행사했습니다. 지금도 교회의 대표적인 표징은 '말씀과 성례'입니다. 즉, 교회의 본질적 사역, 교회를 다른 사회제도들과 구별하는 결정적인 기능은 교회 내에서 설교를 통해 하나님 말씀이 선포되고, 예수께서 친히 제정하신 세례와 성찬식에 성도들이 참여하는 것입니다. 그런데 중요한 사실은 이 설교와 성례가 오직 안수받은 목사에 의해서만 가능하다는 것입니다. 다시 말해, 현재의 지배적인 교회론에 따르면, 아무리 오랫동안 교회에 다녀도, 심지어 신학교에서 공부한 경력이 있어도, 교단에서 공식적으로 안수를 받지 않으면, 누구도 '말씀과 성례'를 집례할 수 없습니다. 결국, 목사 없이는 교회가 본질적인 기능을 감당할 수 없으므로, 목사 없는 교회는 현실적으로 존재할 수 없습니다.

　최근에는 이런 전통적인 교회론에 도전하는 사례들이 빈번하게 등장하고 있습니다. 물론, 목회자 중심의 교회 구조, 즉 교권주의를 거부하며 더욱 평등하고 민주적인 교회를 추구했던 노력은 교회사에서 끊이지 않고 존재해 왔습니다. 플리머스 형제단, 퀘이커, 메노나이트, 그리고 우치무라 간조의 무교회운동 등이 대표적인 예입니다. 그런데 최근에는 이런 전통적인 운동들과 더불어, 어떤 교파에도 속하지 않고 담임목사도 청빙하지 않은 채 '평신도들끼리' 예배하는 사례도 적지 않습니다. 이들은 담임목사가 전제군주나 독재자처럼 군림하던 기형적인 교회에서 큰 상처를 입고 교회를 뛰쳐나와,

평신도만으로 구성되고 운영되는 민주적 형태의 새로운 교회를 실현하고 있습니다. 성도들이 평등한 관계 속에서 협력하며 교회를 세웠던 초대교회를 모범으로 삼기 때문에, 이들은 목사 중심의 전통적인 교회론을 거부합니다.

이처럼 현재 한국교회는 '목사 중심 교회'와 '평신도 중심 교회'로 양분되어 기 싸움과 신경전이 한창입니다. 그 결과, 목사 중심 교회와 평신도 중심 교회가 아예 건물과 법으로 분리되어 대립하는 경우가 발생하고 있고, 기존의 교회 내에서도 목사와 평신도 간의 주도권 다툼이 심각한 경우가 적지 않습니다. 서로 비판하며 자신이 교회의 본질에 더 충실하다고 목소리를 높입니다. 하지만 어느 경우에도, 하나님이 계실 자리는 없어 보입니다. 목사와 평신도가 각자 교회의 주도권을 장악하려 몸부림치는 현장에서는 하나님이 간섭할 틈은 보이지 않으며, 그들 누구도 하나님께 주도권을 양도할 의지도 없어 보이기 때문입니다.

개교회 vs 공교회

교회 세습이 한국교회의 일반적인 관행으로 정착된 것처럼 보입니다. 교단과 지역의 차이를 불문하고, 혹은 교회의 크기와도 상관없이, 교회의 담임목사직이 은퇴하는 목사의 아들, 혹은 사위에게 승계되는 일이 드물지 않습니다. '교회 세습'이 일반화된 것입니다. 제 친구의 아버지는 한 중형교회를 오랫동안 담임하시다 최근에 은퇴하셨는데, 아들 3명도 모두 목사가 되었습니다. 하지만 누구도 아버지 뒤를 이어 그 교회를 담임하지 않았습니다. 그랬더니, 주변 사람들이 "당신은 다리 밑에서 주워온 자식이 아닌지 확인해보라." 라고 씁쓸한 '농담'을 했습니다. 예전에는 당연했던 일을 오늘날에는 매우 예외적이고 특이한 일로 간주하는 상황입니다. 이로 인한 교계의 갈등이 심화하고, 사회의 비판도 고조되고 있습니다.

세습을 완료하거나 시도하는 교회는 이 문제를 개교회의 특수한 문제로 간주합니다. 아들 목사가 학력도 훌륭하고 교회 사정을 잘 알며 실력도 입증되었으니, 교회가 원하는 최고의 후보라고 주장합니다. 동시에 이것은 이 교회의 특수한 사정에 따른 특별한 문제이므로, 타인들이 간섭할 수 없고, 간섭해서도 안 된다고 항변합니다. 즉, 우리 교회 문제는 우리가 알아서 할 테니, 남들은 끼어들지 말라는 것입니다.

반면에 세습 문제에 관심을 두고 반대의 목소리를 높이는 사람들은 생각이 다릅니다. 먼저, 그들은 교회가 목사의 사유재산이 아니므로, 자식에게 물려줄 수 없다고 생각합니다. 교회는 하나님의 것이므로, 마치 사기업의 총수가 자식에게 기업을 세습하듯 목사가 자식에게 교회를 넘겨주어선 안 된다는 것입니다. 또한, 교회는 홀로 존재할 수 없는 공적인 성격을 갖는다고 주장합니다. 전통적인 교회론은 "하나의 거룩하고 보편적인 사도적 교회"입니다. 본질적으로 교회는 보편적이므로, '우리 교회 문제에 남들은 끼어들지 말라'는 주장은 근본적으로 성립할 수 없습니다. 끝으로, 한 교회가 사회적인 물의를 일으키며 비판의 대상이 될 경우, 그 부정적인 영향은 해당 교회뿐 아니라, 한국교회 전체, 그리스도교 전체에 미칩니다. 따라서 각 교회는 자신의 행동에 책임을 져야 하고, 한국교회 전체를 염두에 두고 행동해야 합니다.

이처럼, 교회 세습 문제를 둘러싸고 발생한 논쟁은 "교회란 무엇인가?"라는 문제를 더욱 복잡하고 어렵게 만듭니다. 한국교회는 국가의 설립과 함께 정교분리 및 종교의 자유가 헌법으로 보장된 나라에서 국가교회로서의 독점적 지위를 누린 적도 없고, 대신 다양한 교파와 개인에 의해 교회가 개척되고 성장해왔습니다. 그 결과, 신학적으로 정립된 교회론, 즉 '거룩한 공회'라는 특성보다, 개교회 중심의 교회론이 팽배하게 되었습니다. 공교회로서의 정체성은 점점 사라지고 개교회주의가 만연하면서, 교회의 세습이 가능해진 것입니다. 현재는 통제 불능 상태입니다.

교회, 나의 사랑, 나의 고민

이처럼, 현재 한국교회의 상황은 매우 부정적입니다. 한때, 민족의 등불이었던 교회가 어느새 냉대와 비판의 대상으로 전락했습니다. 한때, 변혁과 개혁의 주체였던 교회가 개혁과 혁신의 대상으로 후퇴하고 말았습니다. 한때, 세상과 구별되는 도덕과 지성의 요람이었던 교회를 이제는 세상도 부끄러워하는 부패의 온상으로 간주하고 있습니다. 한때 세상의 '빛'이요 '소금'으로 찬사의 대상이었던 그리스도인들이 언제부터인가 세상의 '빛'과 '소음' 취급을 받게 되었고, 한때 가장 고귀하고 존경스러웠던 목회자의 사회적 지위마저 바닥까지 추락했습니다.

이런 현실과 현상 속에서, 젊은이들이 교회에 혐오감을 느끼게 되고, 고민하는 지성적 교인들이 하나둘씩 환멸 속에서 정든 교회를 떠나고 있습니다. 더욱더 심각한 경우에는 이단에 투신하거나 아예 신앙을 버리기까지 합니다. 그 결과, 지방에서부터 시작해서 점차 교회의 빈자리가 늘어나고, 교회 자체의 수도 급감하고 있습니다. 새로 신자가 되는 경우는 극히 드문 반면, 떠나는 사람의 수는 급증하는 경향입니다. 이처럼, 한국교회는 급격한 쇠퇴기에 접어들었습니다. 부정할 수 없는 현실입니다.

그럼에도 이런 상황에서 저는 필립 얀시가 소개한 이야기에서 희망의 씨앗을 발견합니다. 필립 얀시Philip Yancy는 그의 책『교회, 나의 사랑 나의 고민』에서 얼 파머Earl Palmer 목사의 예화를 소개합니다.

그는 교회가 신약성경의 높은 기준에 부합하지 못하고 위선적이고 흠이 많다고 비판하는 사람들 앞에서 교회를 변호하고 있었다. 파머는 누가 보기에도 문화적으로 미숙한 한 공동체를 예로 들었다.

"밀피타스Milpitas 고등학교 관현악단이 베토벤 교향곡 9번을 시도하면 결과는 형편없습니다. 청력 잃은 베토벤이 그 연주 소리에 무덤 속에서 돌아눕는다고 해도 난 놀라지 않을 겁니다. 그러면 '왜 군이 시키느냐?'는 질문이 나오겠지요. 베토벤이 품었던 불멸의 뜻을 연주해 내는 그 막중한 짐을 왜 그 불쌍한 아이들에게 지우는 겁니까?

나의 대답은 이겁니다. 그 객석에는 베토벤의 위대한 교향곡 9번을 밀피타스 고등학교 관현악단이 아니고는 접할 수 없는 사람들이 있습니다. 완전함과는 거리가 멀지만, 그럼에도 그들이 베토벤의 메시지를 들을 길은 그것밖에 없습니다."

교회에서 예배를 드리다 난감해질 때마다 나는 얼 파머의 예화를 떠올린다. 비록 작곡자가 품었던 뜻은 끝내 우리가 이루어낼 수 없을지라도, 이 땅에 그 소리가 들리려면 그 길밖에 없다.

저는 오늘도 작은 교회에서 목회하고, 신학교에서 강의합니다. 깊은 번뇌와 갈등 속에도 제가 계속 교회에 다니는 이유, 목회를 고집하는 이유는 얀시의 고백과 유사합니다. 저는 십자가에 달린 예수를 묵상할 때마다, 근원적인 불안을 녹여내는 거룩한 용기를 얻습니다. 성경을 읽을 때마다, 현실적 절망 속에서 소망의 빛을 발견합니다. 기도하고 찬양할 때마다, 뿌리 깊은 불신과 냉소에 저항하는 감사와 확신을 경험합니다. 작고 소박한 교회를 찾아와 섬기는 교우들의 헌신을 목격할 때마다, 인간에 대한 불신과 염증을 치유하는 사랑과 위로의 신비를 경험합니다. 두렵고 떨림으로 말씀을 전할 때마다, 저와 함께하시는 성령의 권능을 체험합니다. 그리고 파국으로 치닫던 나라의 운명이 역사의 절벽 앞에서 극적으로 바뀔 때마다, 저는 이 나라 이 민족을 지키시는 하나님의 손길을 목격합니다. 정말 교회마저 없다면, 이 불신과 야만의 땅에서 하나님 나라를 꿈꾸고 맛볼 마지막 기회는 사라지고 말 것입니다.

교회와 사도행전

신앙과 교회에 대해 고민하는 과정에서, 사도행전은 제가 교회의 본질을 이해하는 데 큰 도움을 주었습니다. 이 성경을 읽고 묵상하면서, 저는 누가가 사도행전을 기록하고 초대교회가 이 글을 성경으로 수용한 이유도 '교회'와 관계가 있음을 이해하게 되었습니다. 그래서 성경 66권이 모두 소중하지만, 특별히 이 시대에 교회의 본질을 제대로 이해하고 실천하기 위해서는, 사도행전에 주목해야 한다고 생각했습니다. 교회가 길을 잃고 목회가 한계에 직면할 때, 기존의 매뉴얼이 현실과 현장에서 제대로 작동하지 않을 때, 우리는 기본과 원론부터 다시 점검해야 합니다. 처음부터 다시 시작해야 합니다. 최첨단 정보나 최신 유행 대신, 비록 낡고 진부해도 원칙과 근본을 면밀히 살피는 것이 중요합니다.

그런 문제의식과 관점에 따라, 저는 사도행전 2~3장에 집중하며 교회의 탄생과 형성, 발전과정을 살펴보았습니다. 제1장은 교회의 주체로서의 성령 하나님에 집중하며, 성령을 둘러싼 교회사의 여러 논쟁을 간략히 서술했습니다. 제2장은 성령의 임재를 통해 제자들에게 나타난 근본적인 변화, 즉 예수에 대한 온전한 인식과 증거에 초점을 두고 교회의 특징을 살펴보았습니다. 제3장은 초대교회의 탄생 배경에 주목하면서, 절망의 현실 속에서 새로운 역사를 시작하는 성령의 역사와 소망의 메시지를 검토했습니다. 제4장은 생존경쟁으로 파편화된 세상에서 서로 나누고 환대하고 섬기며 살아가는 '공동체'로서 교회 모습을 묵상했습니다. 제5장은 자신들만의 울타리 안에 머물지 않고, 성령과 함께 교회 밖으로 나가 무너진 세상 한복판에서 생명과 부활을 증언하는 제자들의 모습을 묘사했습니다. 제6장은 세상 속에서 교회가 예수의 증인으로 살 때 나타나는 하나님 나라의 실체를 소개했습니다. 비록 '이미'와 '아직' 사이의 변증법적 긴장 속에 존재하지만, 하나님 나라는 교회가 이 땅에 존재하는 궁극적 이유와 목적입니다. 그리고 '에필로그'는 교회 안에서 드러난 영성적 특징을 '성령과 순종'으로 규정하고, 이 땅에서 하나님 나라를 꿈꾸는 교회의 근원적 원리로 제시했습니다.

지난 4년 동안 저와 함께 울고 웃으며 교회를 세워온 백향나무 교우들에게 이 책을 바칩니다. 동시에, 제가 '책임적 신학자'로 살아가는데 끊임없는 도전과 격려의 원천이 되는 기독연구원 느헤미야 가족들에게도 사랑과 감사를 전합니다. "하나님나라의 구현과 한국 교회의 재구성"이란 성스러운 꿈을 향해 끝까지 사랑하며 도우며 함께 갑시다. 또한, 나의 사랑하는 가족들이 없었다면 저는 지금까지 이 길을 걷지 못했을 것입니다. 그들의 사랑과 지지 덕택에, 오늘도 제가 이 무모한 여정을 이어갑니다. 그리고 이 책을 통한 모든 영광은 오직 주의 것입니다. 주님, 이 땅의 모든 교회 위에 영원히 임하옵소서!

2020년 8월
부평에서 배덕만

제1장 ■ 성령

교회의 본질과 역할에 대한 신학적·목회적 논쟁이 치열합니다. 일단 그리스도교 내에 다양한 전통들이 공존하고, 개신교회가 수많은 교파로 분열했기 때문에, 교회를 둘러싼 논쟁의 범위와 강도가 복잡할 수밖에 없습니다. 교회의 계급구조와 정치제도, 예배방식과 순서, 교회론의 신학적 전통과 토대, 심지어 예배당의 구조와 악기 사용 여부 등이 교회에 대한 논쟁과 갈등의 원인으로 작용했습니다. 그런 논쟁과 갈등은 현재에도 계속되고 있으며, 교회가 존재하는 동안 절대 종결되지 않을 것입니다. 하지만 그런 다양한 쟁점과 갈등에도 불구하고, 부정할 수 없는 진리가 있습니다. 교회의 주체가 하나님이시란 사실 말입니다. 즉, 성령의 임재 없이 교회는 존재할 수 없습니다. 바로 이것이 교회와 다른 사회제도를 구분하는 가장 결정적인 요소입니다.

교회가 세워지려면?

교회를 지칭하는 그리스어 단어 '에클레시아'는 마태복음 16장에 기록된 예수와 제자들 간의 대화 속에 등장합니다.

예수께서 빌립보의 가이사랴 지방에 이르러서, 제자들에게 물으셨다. "사람이 인자를 누구라고 하느냐?" 제자들이 대답하였다. "세례자 요한이라고 하는 사람들도 있고, 엘리야라고 하는 사람들도 있고, 예레미야나 예언자들 가운데에 한 분이라고 하는 사람들도 있습니다." 예수께서 그들에게 물으셨다. "그러면 너희는 나를 누구라고 하느냐?" 시몬 베드로가 대답하였다. "선생님은 살아계신 하나님의 아들 그리스도십니다." 예수께서 그에게 말씀하셨다. "시몬 바요나야, 너는 복이 있다. 너에게 이것을 알려 주신 분은 사람이 아니라, 하늘에 계신 나의 아버지시다. 나도 너에게 말한다. 너는 베드로다. 나는 이 반석 위에다가 내 교회를 세우겠다. 죽음의 문들이 그것을 이기지 못할 것이다. 내가 너에게 하늘나라의 열쇠를 주겠다. 네가 무엇이든지 땅에서 매면 하늘에서도 매일 것이요. 땅에서 풀면 하늘에서도 풀릴 것이다." 그때 예수께서 제자들에게 엄명하시기를, 자기가 그리스도라는 것을 아무에게도 말하지 말이 장면에서 우리는 두 가지에 주목해야 합니다. 첫째는 예수께서 시몬을 베드로반석라고 칭하면서 그 위에 자신의 교회를 세우겠다고 선언하신 때가, 바로 시몬이 "선생님은 살아 계신 하나님의 아들 그리스도십니다"마16:16라고 고백한 직후라는 사실입니다. 즉, 예수께서 자신의 교회를 세우실 때 다른 제자들이 아니라 시몬을 선택하신 이유는 그가 다른 제자들과 달리 예수를 "하나님의 아들 그리스도"라고 고백했기 때문입니다. 그렇다면, 예수께서 자신의 교회를 세우실 때 가장 결정적인 조건으로 삼으신 것은, 예수를 "하나님의 아들 그리스도"라고 고백하는 일이 아니었을까요?

동시에, 우리는 "너에게 이것을 알려 주신 분은, 사람이 아니라 하늘에 계신 나의 아버지시다."17라는 예수의 말씀도 유념해야 합니다. 이 놀라운 진리, 즉 예수께서 이스라엘 민족이 그토록 앙망하던 '하나님의 아들 그리스도'라는 복음Good News을 시몬이 깨닫고 고백한 것은 시몬의 신학적 학습이나 영적 수련 때문이 아닙니다. 혹은, 예수의 제자들이 집단적 토론과 논쟁을 통해 도달한 종교적 각성도 아닙니다. 혹은, 이스라엘 민족이 보존해온 영적 비밀을 그들이 전수하였기 때문도 아닙니다. 예수는 분명하고 확실하게 천명하셨습니다. 시몬의 이 놀라운 고백은 다름 아닌 "하늘에 계신 나의 아버지" 즉,

하나님께서 알려주신 것이라고 말입니다. 하나님의 도움 없이는 누구도 이 진리를 깨닫고 고백할 수 없습니다.

그렇다면 교회의 탄생에는 최소한 두 가지의 근본적인 전제조건이 있다고 할 수 있습니다. 교회를 구성하는 신자들은 예수를 "하나님의 아들 그리스도"라고 고백할 수 있어야 합니다. 이런 맥락에서, 교회는 예수를 "하나님의 아들 그리스도"라고 고백하는 신자들의 공동체입니다. 건물과 사람, 심지어 예배와 사역이 존재해도, 구성원들 안에 이런 깨달음과 신앙고백이 없다면 그것은 결코 교회일 수 없습니다. 이 고백이 결정적인 전제조건입니다.

하지만 이런 고백을 가능하게 하는 근원적인 힘은 바로 하나님이십니다. 그리스도교 가정에 태어나는 것, 교회에 출석하는 것, 심지어 성경을 읽고 신학을 공부하는 것 자체가 이런 신앙고백을 가능하게 하거나 보장하지 못합니다. 예수는 분명하게 말씀하셨습니다. "이것을 알려 주신 분은…하늘에 계신 나의 아버지시다." 그래서 교회는 오직 하나님의 은혜로만 존재할 수 있습니다.

약속과 기다림

시몬 베드로의 고백은 그야말로 신비입니다. 시몬 자신을 포함한 그 누구도 예상치 못한 뜻밖의 사건이었습니다. 배우고 예측한 것이 아니므로 '신비'입니다. 고백은 시몬의 입을 통해 이루어졌지만, 이 고백의 원인과 주체가 시몬이 아니므로 '은혜'입니다. 이처럼, 신비와 은혜 속에 실현된 시몬의 고백을 통해 인류에게 교회라는 거룩한 선물이 주어졌습니다.

하지만 시몬의 고백과 함께 교회가 '즉시 자동으로' 탄생한 것은 아닙니다. 예수께서 약속하신 교회가 현실적으로 이 땅에 탄생하기까지 많은 시간이 걸렸습니다. 그리고 그사이에 예수 공동체는 절체절명의 위기를 통과했습니다. 예수가 십자가에서 비참한 죽음을 맞았습니다. 제자들은 살기 위해 예수를 버리고 흩어졌습니다. 하지만 예수는 약속대로 3일 후 극적으로 부활하여 제자들을 찾아왔고, 예수 공동체는 다시 모였습니다. 예수의 부활과 함께 제자들의 믿음도 부활한 것입니다. 그리고 40여 일이 지난 후, 예수께서 승천하셨습니다. 승천 직전, 예수는 제자들에게 갈릴리를 떠나지 말고 성령의 강림을 기다리라 명하셨습니다.

예수께서 사도들과 함께 잡수실 때 그들에게 이렇게 분부하셨습니다. "너희는 예루살렘을 떠나지 말고, 내게서 들은 아버지의 약속을 기다려라. 요한은 물로 세례를 주었으나, 너희는 여러 날이 되지 않아서 성령으로 세례를 받을 것이다…그러나 성령이 너희에게 내리시면, 너희는 능력을 받고, 예루살렘과

온 유대와 사마리아에서, 그리고 마침내 땅끝에까지 이르러 내 증인이 될 것이다.행1:4, 5, 8

예수께서 제자들에게 "성령으로 세례를 받을 것"이며, 성령세례의 결과로 제자들이 "내 증인이 될 것"이라고 약속하셨습니다. 이것은 위에서 읽은 마태복음의 장면과 비슷합니다. 성령 하나님께서 제자들 위에 임하셔서 세례를 베푸시려는 이유가 예수의 제자들을 증인으로 삼기 위해서라는 말입니다. 그렇다면 예수의 증인이 된다는 말은 무슨 뜻일까요? 당연히, 예수의 정체를 세상에 정확히 알린다는 말입니다. 시몬 베드로처럼, 예수가 "하나님의 아들 그리스도"임을 선포하는 것입니다. 가이사랴 빌립보에서 시몬이 예수와 동료들 앞에서 예수를 '하나님의 아들 그리스도'라고 고백했지만, 성령세례를 받은 제자들의 상황은 매우 다를 것입니다. 같은 내용을 자신들 내부에서가 아니라, 예루살렘, 온 유대, 사마리아, 땅끝까지, 즉 온 세상 구석구석에 전할 것입니다. 그렇게 성령세례를 통해, 예수의 제자들은 '교회'가 되고, '교회'를 세울 것입니다. 즉, 성령의 은혜를 통해, 예수를 "하나님의 아들 그리스도"로 깨닫고 선포하는 선교 공동체가 될 것입니다. 예수께서 시몬 베드로에게 하셨던 약속이 구체적으로 실현될 것입니다.

그래서 제자들은 예수의 명령과 약속에 따라, 함께 모여 성령의 강림을 기다렸습니다. 예수의 제자들과 가족들은 예루살렘 성안에 있는 한 다락방에 함께 모여 "한마음으로 기도에 힘썼"습니다. 또한, 예수를 배반하고 스스로 목숨을 끊었던 유다를 대신해서 맛디아를 새로운 사도로 세웠습니다. 그리고 오순절이 이르자 함께 모였습니다. 그때 약속된 성령께서 그들 위에 강림하셨습니다.

> 그때 갑자기 하늘에서 세찬 바람이 부는 듯한 소리가 나더니, 그들이 앉아 있는 온 집안을 가득 채웠다. 그리고 불길이 솟아오를 때 혓바닥처럼 갈라지는 것 같은 혀들이 그들에게 나타나더니, 각 사람 위에 내려 앉았다. 그들은 모두 성령으로 충만하게 되어서, 성령이 시키시는 대로 각각 방언으로 말하기 시작했다. 행2:2~4

성령의 강림은 극적이고 역동적이었습니다. 하나님께서 천지를 창조하실 때 하나님의 영이 흑암과 수면 위에 운행하신 것처럼, 그리고 출애굽 당시 하나님께서 시내 산에서 이스라엘 백성 위에 임하신 것처럼, 이번에도 하나님은 이스라엘 백성 위에 신비롭고 장엄한 모습으로 임하셨습니다. 성령은 손으로 만질 수 없는 분입니다. 하지만 성령께서 자신의 백성들 위에 임하실 때 "세찬 바람이 부는 듯한 소리"가 들렸습니다. 성령은 인간의 눈으로 볼 수 없는 영적 존재입니다. 하지만 성령께서 "불길이 솟을 때 혓바닥처럼 갈라지는 것 같"

이 각 사람 위에 나타나셨습니다. 그래서 초감각적 존재인 하나님의 현존을 인간의 감각으로 감지할 수 있었습니다.

성령이 제자들에게 임했을 때, 그들 안에서 나타난 최초의 반응 역시 극적이고 충격적이었습니다. 그 자리에 있던 모든 제자가 예외 없이 성령으로 충만했습니다. 그러자 그들은 "성령이 시키는 대로 각각 방언으로 말하기 시작"했습니다. 성령이 불처럼 눈에 보이고 바람처럼 귀에 들렸지만, 정작 성령은 제자들의 눈과 귀가 아니라, 혀와 입술을 움직여 방언을 말하게 하셨습니다. 이것은 성령의 강림이 눈과 귀의 문제일 뿐 아니라, 혀와 입술의 문제이기도 하다는 뜻일 것입니다. 가이사랴 빌립보에서 베드로가 하나님에 의해 예수를 "하나님의 아들 그리스도"라고 고백했던 것처럼 말입니다.

제자들이 방언을 말하다

오순절의 성령강림으로 교회 역사history가 본격적으로 시작되었습니다. 성령강림으로 인해 마침내 교회가 역사 속에 탄생한 것입니다. 그런데 이 탄생의 순간에 결정적인 역할을 한 것은 바로 성령이십니다. 그렇다면, 교회의 존재 여부를 결정짓는 것은 다름 아닌 '성령의 존재 여부'일 것입니다. 교인과 건물이 아니란 말입니다. 당시에 예수를 따르는 공동체가 이미 존재했지만, 아직 그것을 교회라고 공식화하지 않았습니다. 사람들이 마가의 다락방에 모였으나 마가의 집 앞에 교회 간판이 걸리지 않았습니다. 하지만 그 공간에 모인 사람들 위에 성령이 임하자, 비로소 이 땅에 교회가 존재하게 된 것입니다.

이 오순절 사건은 창세기 1장에 기록된 천지창조 장면과 비슷합니다. 세상이 존재하지 않았던 때, 오직 혼돈과 암흑만이 존재하던 때가 있었습니다. 그때, 하나님의 영이 수면 위에 운행하고, "빛이 있으라"는 말씀이 선포되었습니다. 그 순간 암흑 속에 빛이 생기고, 혼돈 속에 질서가 형성되었습니다. 죽음 같은 정적의 상태가 생명이 존재하는 천지天地로 역전된 것입니다. 마찬가지로, 예수의 죽음과 부활, 승천을 경험하며 극심한 혼란과 불안에 빠진 예수의 무리 위에 성령이 임하자, 죽은 공동체가 다시 살아났습니다. 혼돈 속에 질서, 절망 속에 소망이 창조되면서 교회 역사가 시작된 것입니다. 이때 나타난 성령의 임재를 누가는 이렇게 묘사합니다.

그리고 불길이 솟아오를 때 혓바닥처럼 갈라지는 것 같은 혀들이 그들에게 나타나더니, 각 사람 위에 내려앉았다. 그들이 모두 성령으로 충만하게 되어서, 성령이 시키는 대로, 각각 방언으로 말하기 시작하였다.행2:3~4

하나님의 영이신 성령께서 예수 공동체에 임하실 때, 인간의 감각으로 감지할 수 있는 현상이 나타났습니다. 그때, 인간의 감각, 특히 눈에 포착된 성령의 모습은 한결같이 '불' 과 '혀' 였습니다. 그리고 성령으로 충만해진 신자들 안에서 신비로운 현상이 발생했습니다. 성령의 통제하에 신자들이 방언으로 말하기 시작한 것입니다. 성령께서 얼마든지 다른 모습으로 나타나실 수 있었겠지요. 그런데 왜 불과 혀의 형상으로 임했을까요? 또 불과 혀로 나타나신 성령께서 왜 인간의 육체나 기관 중에서 인간의 혀를 장악하셨을까요? 그리고 그렇게 장악하신 인간의 혀로 왜 언어의 여러 기능과 활동 중에서 방언을 하게 하셨을까요?

만약 오순절의 성령강림이 교회 탄생의 직접적인 원인이라면, 그리고 성령께서 임하셔서 제일 먼저 하신 사역이 인간의 혀를 장악하여 인간의 자의적인 결정 대신 성령의 뜻에 따라 방언을 말하게 하신 것이라면, 이것은 교회의 본질과 매우 중요한 관계가 있음이 분명합니다. 하나님께서 기존의 유대 공동체나 다른 종교들과 구별하여 새로 교회를 세우셨다면, 이 교회의 중요한 특성 중 하나는 성령의 뜻에 따라 신자들의 혀가 사용되는 것임이 틀림없습니다. 아마도 이것이 '방언'의 결정적인 의미와 기능이 아닐까요?

이사야와 제단 숯불

이런 맥락에서 이사야 6장에 기록된 장면, 즉, 하나님께서 이사야를 선지자로 부르시는 장면을 살펴봅시다. 이사야는 "높이 들린 보좌에 앉아 계시는 주님"1을 보았습니다. 하나님의 옷자락이 성전에 가득 차 있었습니다. 동시에, 그분 주위에 스랍들이 서 있는 모습도 보았습니다. 스랍들은 큰 소리로 노래를 불렀습니다. "거룩하시다. 거룩하시다. 거룩하시다. 만군의 주님! 온 땅에 그의 영광이 가득하다."3 이 노랫소리에 성전의 문지방 터가 흔들리고 성전에 연기가 가득했습니다. 그 순간, 이사야는 절대적인 두려움에 휩싸여 울부짖었습니다. "재앙이 나에게 닥치겠구나. 이제 나는 죽게 되었구나. 나는 입술이 부정한 사람인데, 입술이 부정한 백성 가운데 살고 있으면서 왕이신 만군의 주님을 만나 뵙다니!"5 거룩한 하나님의 현존 앞에서 이사야는 죄인으로서 자신의 실체를 깨달은 것입니다. 그리고 그 죄의 핵심은 자신의 부정한 입술이었습니다. 이후 벌어진 일은 다음과 같습니다.

그때에 스랍들 가운데서 하나가, 제단에서 타고 있는 숯을 부집게로 집어 손에 들고 나에게 날아와서, 그것을 나의 입에 대며 말하였다. "이것이 너의 입술에 닿았으니, 너의 악은 사라지고 너의 죄는 사해졌다. 그때에 나는 주님께서 말씀하시는 음성을 들었다. "내가 누구를 보낼까? 누가 우리를 대신하여 갈 것인가?" 내가 아뢰었다. "제가 여기에 있습니다. 저를 보내어 주십시오." 사6:6-8

하나님께 순종하지 않는 이스라엘 백성을 향해 하나님의 뜻을 정확하고 담대하게 증거 할 선지자로 이사야를 부르실 때, 하나님께서 하신 최초의 일은 스랍을 통해 성전의 숯불로 그의 악과 죄를 제거하신 것입니다. 즉, 하나님께서 이사야를 거룩한 존재로 거듭나게 하신 후, 그의 부정한 입술을 하나님 말씀을 대언하는 거룩한 도구로 변화시킨 것입니다. 하늘에 계신 하나님과 그를 모시는 스랍들, 그들이 들고 온 성전 제단의 숯불, 그것으로 정결케 한 이사야의 입술, 그 후에 주어진 하나님의 사명. 이것은 사도행전 2장의 성령강림 첫 장면과 구조적으로 매우 유사합니다.

야고보서의 교훈

야고보서의 저자는 교우들에게 가능하면 선생이 되기 위해 애쓰지 말라고 충고합니다. "나의 형제자매 여러분, 여러분 가운데 선생이 되려고 하는 사람이 많아서는 안 됩니다." 약3:1 그 이유는 가르치는 사람들이 더 큰 심판을 받을 것이기 때문입니다. 선생들의 주 임무는 타인에게 말씀을 가르치는 것입니다. 하지만 문제는 선생을 포함한 우리가 모두 말에 실수가 잦으며, 말의 실수가 말하는 개인과 듣는 사람, 그리고 그들이 포함된 공동체 전체에게 치명적인 해를 끼친다는 것입니다. 이처럼, 인간에게 언어는 대단히 중요하지만, 불행하게도 우리의 언어생활은 온통 오류와 실수로 가득합니다.

야고보는 말과 인간의 관계, 그것의 치명적인 영향력을 세 가지 비유를 통해 설명합니다. 먼저, 말馬과 재갈의 관계입니다. 말의 입에 물린 재갈이 말을 부리면서 끌고 다니듯이, 우리의 말言도 우리의 몸과 마음을 장악하고 통제합니다. 다음은 배와 키의 관계입니다. 아무리 배가 크고 바람이 거세게 불어도 사공이 작은 키를 움직여 배를 조종하여 항해를 지속하듯, 몸의 작은 부분인 혀가 몸 전체에 엄청난 영향을 끼칠 수 있습니다. 그리고 야고보가 세 번째로 제시하는 예가 바로 불과 숲의 관계입니다. 이 부분은 직접 인용하겠습니다.

보십시오. 아주 작은 불이 굉장히 큰 숲을 태웁니다. 그런데 혀는 불이요, 불의 세계입니다. 혀는 우리 몸의 한 지체이지만, 온 몸을 더럽히며, 인생의 수레바퀴에 불을 지르고, 결국에는 혀도 게헨나의 불에 타버립니다. 들짐승과 새와 땅에서 기는 짐승과 바다의 생물들은 어떤 종류든지 모두 사람이 길들이고 있으며 길들여 놓았습니다. 그러나 사람의 혀를 길들일 수 있는 사람은 아무도 없습니다. 혀는 걷잡을 수 없는 악이며, 죽음에 이르게 하는 독으로 가득 차 있습니다. 우리는 이 혀로 주님이신 하나님을 찬양하기도 하고, 또 이 혀로 하나님의 형상대로 지음을 받은 사람들을 저주하기도 합니다. 또 같은 입에서 찬양도 나오고 저주도 나옵니다. 나의 형제자매 여러분, 이렇게 해서는 안 됩니다. 샘이 한 구멍에서 단물과 쓴 물을 낼 수 있겠습니까? 약3:5-11

여기서 야고보는 불과 혀를 연결합니다. 작은 불이 숲 전체를 태울 수 있습니다. 그만큼 불의 파괴력은 엄청납니다. 마찬가지로, 우리 삶에서 혀가 차지하는 역할과 영향력도 막강합니다. 그런데 문제는 이 혀를 길들일 수 있는 능력이 인간에게 부족하다는 사실입니다. "사람의 혀는 누구도 길들일 수 없습니다."약3:8 작은 불이 거대한 숲을 태워 제거하듯, 통제되지 않은 혀는 악과 독이 되어 치명적인 해를 입힐 수 있습니다. 불이 적절하게 통제되어 사용되면 인간에게 지극히 유익한 도구가 될 수 있지만, 그것이 악의적으로 사용되면 숲을 태우고 목숨마저 앗아갑니다. 마찬가지로, 인간의 혀도 하나님을 찬양하는 거룩한 도구가 될 수 있지만, 경우에 따라선 하나님의 형상으로 창조된 인간을 저주하는 독이 될 수도 있습니다. 결국, 야고보는 자신의 편지를 받는 교회가 진정한 교회가 되기 위해서는, 신자들, 특히 하나님의 가르침을 전하는 교사들이 혀를 통제할 수 있어야 한다고 경고한 것입니다. 하지만 이것은 인간의 힘만으로는 불가능하다고 분명히 전제합니다.

야고보가 혀를 불과 연결한 것, 그 혀가 하나님을 찬양하거나 하나님의 백성을 저주하는 일에 사용되는 안타까운 현실을 지적한 것, 그리고 이 혀를 통제하는 것이 인간의 힘으로 불가능하기에 "위에서 내려오는 지혜"약3:15, 17가 절대적으로 필요하다는 통찰은, 모두 성령께서 불의 혀로 임하셔서 인간의 혀를 통제하여 당신의 뜻에 따라 방언을 말하게 하시는 사도행전 2장의 첫 장면을 이해하는데 매우 중요한 배경을 제공합니다. 즉, 이런 성경적 전거들을 고려할 때, 우리는 왜 성령께서 불의 혀로 임하셨는지, 왜 신자들 위에 임하시자 그들의 혀부터 장악하셨는지, 그리고 뒤에 이어지는 언어적 현상들이 나타나게 하셨는지 조금 더 명확히 이해할 수 있습니다.

성령 운동, 오순절 운동, 그리고 방언

사도행전 2장의 의미를 본격적으로 탐구하기 전에 잠시 이 본문과 오순절 운동의 관계를 살펴보고 싶습니다. 성령과 방언의 관계에 대해 가장 큰 관심을 보이고, 역사적 · 신학적으로 가장 심각한 논쟁을 촉발한 사람들이 근대 오순절주의자들이기 때문입니다. 특히, 사도행전 2장 해석에서 오순절주의자들의 독특한 해석과 활동은 이 운동을 20세기 교회사에서 가장 주목할 만한 종교현상으로 급성장하게 했고, 그 영향은 우리나라에서도 강력하고 광범위하게 나타났습니다. 그렇다면, 오순절운동은 무엇이며, 이것은 어떻게 20세기 교회의 중요한 운동이 되었을까요?

2세기에 활약했던 몬타누스Montanus의 성령 운동이 교회에서 이단으로 정죄 되고 성직자 중심의 교권제도가 완성된 후, 특히 성경의 정경화canonization 과정이 마무리된 4세기 이후, 교회에서 성령 운동은 급격히 약화하였습니다. 그뿐 아니라, 성부, 성자, 성령을 삼위일체 안에서 이해하고 인정하는 신학적 논쟁은 이후에도 지속하였지만, 특히, 카파도키아 신학자들의 노력으로 콘스탄티노플 공의회381에서 성령의 지위와 중요성이 확고하게 인정되고 신조에도 반영되었지만, 이후의 역사에서 성령이 교회 안에서 차지하는 역할과 지위는 성부와 성자에 비해 꾸준히 축소되었습니다. 물론, 영적 체험과 신비 현상은 수도원 운동과 신비주의 운동을 통해 교회 안에서 지속하였습니다. 12세기 피오레의 요아킴, 13세기 프란체스코파 내의 영성파, 16세기 급진적 종교개혁자로 분류된 재세례파, 17세기 조지 폭스의 퀘이커주의 등이 대표적인 예입니다. 하지만 교회의 주류세력은 성령 운동을 항상 의심과 경계의 대상으로 여기면서 교회의 정상적인 문화로 수용하지 못했습니다.

이처럼, 억제되고 침체되었던 성령 운동이 교회의 중심부로 다시 진입하기 시작한 것은 18세기 영국과 미국에서 일어난 부흥 운동의 결과입니다. 영국에서 성공회 사제 존 웨슬리John Wesley, 1703-1791가 '완전성화' entire sanctification를 강조하며 부흥운동을 주도했고, 미국에선 회중교회 목사인 조너선 에드워즈Johnathan Edwards, 1703-1758가 제1차 대각성운동에 큰 영향을 끼치면서 성령의 중요성을 일깨웠습니다. 웨슬리의 영향은 영국을 넘어 미국까지 확장되어 18세기에 성결운동이 출현했고, 20세기의 시작과 함께 오순절운동이 탄생했습니다. 에드워즈의 영향도 미국사회에서 다양한 방향으로 분화·발전하면서 19세기 초반 제2차 대각성 운동, 1857~8년 부흥운동, 19세기 후반 무디Dwight L. Moody, 1837-99의 부흥운동으로 이어졌습니다. 결국, 웨슬리와 에드워즈의 영향이 19세기 후반 미국에서 만나면서 강력한 성령운동으로 폭발했고, 그 정점에서 방언을 중시하는 오순절운동이 출현한 것입니다.

오순절운동이 출현하기 전에도 성령운동은 다양한 신비적 체험을 동반하며 부흥운동을 견인했습니다. 제2차 대각성운동의 한 축이었던 켄터키 주의 케인릿지집회가 대표적입니다. 빈슨 사이난은 그 집회를 다음과 같이 서술합니다.[1]

케인릿지 부흥회의 절정은 1801년 8월이었다. 이때는 참석자들의 수가 대략 10,000명에서 25,000명에 달했던 것으로 추산된다. 타오르는 장작불 앞에서 수백 명의 죄인들이 "치열한 전투에서 전사한 병사처럼" 쓰러졌다. 다른 사람들은 경련을 일으키고, 몸의 모든 관절들을 힘없이 흔들어댔다. 피터 카트라이트Peter Cartwright는 어느 예배에서 500명이 한꺼번에 경련을 일으키는 것을 보았다고 했다. 기존의 신자들뿐만 아니라 아직 거듭나지 못한 사람들도 경련을 일으켰다. 한 목사에 의하면, "사악한 사람들도 천연두나 황열병보다 그 집회의 경련을 훨씬 더 무서워했다."고 한다. 열심히 기도한 후에, 어떤 사람들은 네 발로 기면서 개처럼 짖어 '마귀'를 쫓아버렸다. 다른 사람들은 수 시간 동안 황홀경에 빠졌다가 깨어나선 자신이 구원 받았다거나 성결을 체험했다고 주장했다. 몇몇 집회에선 대부분의 회중들이 거의 통제할 수 없는 황홀경인 '거룩한 웃음' Holy Laugh에 사로잡히기도 했다.

하지만 웨슬리와 에드워즈의 영향을 깊이 받았던 영미부흥운동은 이런 신비적 체험보다 성령에 의한 성품의 변화, 즉 성화sanctification 혹은 성결holiness에 관심이 더 많았습니다. 즉, 성령의 **은사**보다 성령의 **열매**에 더 방점을 두었던 것입니다. 그래서 이 운동은 성결운동이라 명명되었고, 성결의 의미, 성령과 성결의 관계에 대한 복잡하고 뜨거운 신학논쟁이 오랫동안 지속되었습니다.

이런 상황에서 1900년 12월 31일 캔자스 주 토페카Topeka에 위치한 베델성경학교에서 송구영신 예배가 시작되었습니다. 예배 도중, 이 학교의 대표이자 감리교 목사였던 찰스 파함Charles F. Parham, 1873–1929이 안수할 때, 학생인 아그네스 오즈만Agnes Ozman, 1870–1937이 방언을 시작했습니다. 얼마 후, 파함은 성령세례를 통해 땅끝까지 복음을 증거 하기 위한 권능power을 받게 되고, 성령세례를 받은 '일차적 증거'가 바로 방언이라고 주장했습니다. 이로써 기존의 성결 운동과 구별되는 오순절운동이 탄생한 것입니다.

그런데 파함과 오순절주의자들이 이런 주장을 하게 된 성경적 근거가 바로 사도행전 2장에 기록된 오순절 성령강림 사건입니다. 특히 파함은 당시 유행하던 선교 운동 및 재림 신앙을 수용하여 성령세례와 방언의 의미를 이해했습니다. 즉, 종말이 임박한 상황에서 세계 선교는 교회에 주어진 시대적 사명이 되었으며, 제한된 시간 내에 선교사역을 효과적으로 감당하기 위해 선교지 언어를 학습 과정 없이 성령세례를 통해 신비적으로 습득하게 된다고 주장한 것입니다. 실제로, 그의 이런 주장을 믿고 선교지로 떠난 오순절 신자들도 있었습니다. 하지만 이런 주장이 선교현장에서 오류로 판명되면서, 대다수의 오순절주의자들은 방언을 성령에 의해 초자연적으로 습득된

'외국어'가 아니라, '알지 못하는 언어'로 이해하게 되었습니다. 오순절운동의 모판이 된 성결운동의 주류는 이런 오순절주의자들의 주장 일체를 강력히 반대했고, 이로 인해 성결운동이 전통적인 성결운동가들과 오순절주의자들로 양분되었습니다. 그 결과, 하나님의 성회, 하나님의 교회, 오순절성결교회 등 다양한 오순절 교단들이 탄생했습니다.

한국의 성령 운동

한국교회에서 이런 주장이 출현한 것은 1920년대 후반입니다. 이용도 목사의 영향 아래에 원산과 평양을 중심으로 성령 운동이 뜨겁게 일어났고, 이들의 집회에서 방언을 포함한 다양한 신비 현상들이 빈번하게 출현했습니다. 이용도 목사에게 큰 영향을 받은 사람들이 소위 '평양기도단'을 조직하여 성령 운동을 확산시켰습니다. 동시대에 평안북도 철산에선 김성도를 중심으로 성주교회가 조직되었습니다. 김성도의 영성에 압도된 사람들이 그녀를 '새 주님'이라고 부르기 시작하면서, 그 무리는 '새주파'로 명명되었습니다. 김성도는 원죄의 본질이 음욕이며, 예수께서 한반도에 재림하실 것이라는 계시를 받았다고 주장했습니다.

한편, 1906년 아주사거리 부흥운동에서 오순절신앙을 체험한 메리 럼지Mary C. Rumsey, 1885-? 선교사가 1928년 내한하여 한국 최초의 오순절교회를 세웠습니다. 이후, 이 운동은 1940년대부터 전국적으로 영향을 끼친 나운몽 장로와 용문산기도원, 박경룡 목사의 조선수도원현 대한수도원, 그리고 1950년대 후반에 사역을 시작한 조용기 목사와 순복음교회를 통해 교파와 지역을 초월하여 한국교회 전체로 확산하였습니다. 전국에 수많은 기도원이 설립되어 방언과 신유를 중심으로 한 성령운동이 절정에 달했습니다. 또한, 교파를 초월하여 거의 모든 교회에서 열린 심령대부흥회를 통해 은사중심의 성령운동이 한국교회의 보편적인 현상으로 자리 잡았습니다. 그 결과, 한국교회 내에서 방언을 성령세례의 증거로 이해하고 체험하는 신자들이 급증했습니다.

1990년대에는 빈야드운동이 한국에 상륙하여, '영적 쓰러짐' 과 '거룩한 웃음' 같은 현상들이 전국의 교회들을 강타했습니다. 수많은 목회자가 이 운동의 진원지인 캐나다의 토론토공항교회를 방문하기도 했습니다. 특히, 이 운동은 열린 예배와 CCM의 확산에 큰 영향을 끼치면서, 한국교회의 예배문화에도 큰 영향을 끼쳤습니다. 그리고 그 연장선상에서 2000년대에는 신사도운동New Apostolic Reformation Movement이 국내에 소개되면서 빠르게 확산되었습니다. 이 운동도 기존의 성령운동처럼 영적 은사를 강조했지만, 사도와 예언자를 포함한 교회 직분의 5중직사도, 예언자, 목사, 교사, 전도자의 회복을 강조했고,

무엇보다 예언을 중시했습니다. 하지만 사도직의 강조와 예언 중심의 예배가 기존 교회의 비판을 불러오면서 심각한 논쟁과 갈등을 가져왔습니다.

이처럼, 한국교회의 성령 운동은 역사 속에서 다양한 모습으로 전개됐습니다. 특히, 강력한 영적 체험이 신자들의 신앙을 강화하고 교회 성장을 촉진함으로써 한국교회의 영적·양적 성장에 지대한 영향을 끼쳤습니다. 동시에, 말씀과 체험, 개인과 사회, 현실과 내세, 이성과 감성 간의 건강한 균형이 깨어지면서, 한국교회의 신앙이 과도하게 신비주의, 기복주의, 내세지향주의, 개인주의로 경도되는 부작용도 초래했습니다. 그야말로, '양날의 검'이었습니다.

나와 방언

저는 성결교회에서 신앙생활을 시작했습니다. 제가 다닌 교회는 성령의 은사를 대단히 강조하는 곳이었습니다. 주일예배뿐 아니라 새벽기도회, 수요예배, 금요철야기도회 때마다 전 교인이 뜨겁고 열정적으로 기도했습니다. 당연히, 성도들 가운데 많은 분이 방언으로 기도할 수 있었습니다. 일 년에 두 차례씩 부흥회를 했고, 부흥회가 끝나면 40일간 저녁기도회가 이어졌습니다. 이런 과정을 통해, 많은 성도가 방언을 포함해서 다양한 은사들을 체험했습니다. 동시에, 이런 기도 문화는 학생들에게까지 이어졌습니다. 중고등부 학생들도 자체적으로 철야기도회를 자주 가지면서, 성령체험, 특히 방언의 은사를 사모하며 뜨겁게 기도했습니다. 이런 기도의 열정은 매년 개최되는 하계수련회에서 절정에 달했습니다. 신입생들을 위해 선배들이 함께 손을 잡고 성령세례를 위해 기도했습니다. 눈물과 울부짖음이 뒤섞인 기도회는 대부분 1시간 이상 지속하였고, 그렇게 집회가 계속되면서 대부분 학생이 방언으로 기도하게 되었습니다. 저도 그런 분위기 속에서 방언의 은사를 받기 위해 정말 열심히 기도했습니다.

그런데 문제가 있었습니다. 제 친구들 대부분이 그런 과정을 통해 방언을 하게 되었지만, 저만 예외였던 것입니다. 누구 못지않게 목이 쉬도록 울부짖으며 구했으나, 모두가 너무 쉽게 받는 것 같은 방언 은사를 저만 체험하지 못한 것이지요. 그러던 어느 날 예년처럼 부흥회가 열렸습니다. 이번 집회의 강사는 방언 전문가로 유명한 여성 부흥사였습니다. 설교가 끝난 후 이어진 기도 시간, 그분이 제게 오셔서 자기가 하는 대로 따라 하라고 요청했습니다. "브라싸브리가 브라싸브리가 ~" 저는 자신의 방언을 따라하라는 말이 이해되지 않았지만, 분위기에 압도되어 시키는 대로 했습니다. "브라싸브리가 브라싸브리가 ~" 집회가 끝나갈 무렵, 강사가 말했습니다. "오늘 방언 은사를 받으신 분들은 앞으로 나오세요. 제가 통역하겠습니다." 저는 그런 광경을 멀뚱멀뚱 쳐다보았습니다. 그때, 강사가 저를 지목하더니, "학생, 오늘 방언 받았잖아요. 앞으로 나오세요. 제가 통역 해 줄게."라고 말했습니다. 저는 매우 당황했습니다. "방언을 받긴? 자기가 가르쳐준 것을 반복했을 뿐인데…다른 사람들도 다 이런 식으로 방언을 배운 것인가?" 하지만 이번에도 분위기에 압도되어, 저는 사람들 앞에서 배운 방언을 시연했습니다. "브라싸브리가 브라싸브리가 ~" 그때, 강사께서 통역을 시작했습니다. "주님, 지금 이 학생이 주의 종이 되겠다고 서원합니다. 받아주시옵소서." 저는 깜짝 놀랐습니다. "내가 언제? 누구 맘대로?" 저의 충격은 컸습니다. 아무튼, 저는 그렇게 공식적으로 교회에서 방언하는 학생, 목사 되기로 서원한 학생이 되었습니다.

이 사건은 제게 방언에 대해 극심한 편견을 심어주었습니다. 이렇게 누군가의 도움으로, 그것도 그가 알려주는 단어를 반복하는 식으로 획득하는 것이 진정 성경에서 말하는 방언일까? 다른 사람들도 이런 식으로 방언을 하게 된 것일까? 그렇다면 그것은 성령의 은사가 아니라 인간의 조작, 종교적 사기이지 않을까?

얼마 후, 저는 고린도전서를 읽다가 방언 외에도 지식과 가르침 같은 다른 은사들이 있음을 알게 되었습니다. 그 즉시, 저는 방언에 대한 오랜 기대, 혹은 방언을 받기 위한 일체의 노력을 중단했습니다.

그리고 세월이 흘렀습니다. 저는 목사 안수를 받았고, 신학교 교수로 임용되었습니다. 그러던 어느 날, 한 교회의 중고등부 수련회에 강사로 초대되었습니다. 집회 마지막 날, 설교가 끝나고 함께 기도하는 시간에 한 학생이 저에게 다가와 자신을 위해 기도해달라고 울며 부탁했습니다. 특히, 자신에게 믿음이 없는데, 혹시라도 방언을 받으면 하나님의 존재를 믿을 수 있을 것 같으니, 방언 좀 받게 해달라고 간청했습니다. 저는 몹시 당황했습니다. 왜냐하면, 저도 방언을 못 했고, 방언에 관한 관심도 없었기 때문입니다. 하지만 아이의 부탁이 너무 간절했기에, 저는 그와 함께 열심히 기도했습니다. "주님, 저는 방언 없이도 주님을 잘 믿고 따릅니다. 하지만 이 아이에겐 방언이 꼭 필요한 것 같아요. 부디, 이 아이에게 방언의 은사를 허락해주십시오." 하지만 그날 아이는 방언의 은사를 받지 못했습니다. 저와 아이 모두 크게 실망했습니다. "웬만하면 방언 좀 주시지." 원망이 컸습니다.

수련회를 마치고 돌아온 저는 얼마 전 개척한 교회에서 청년 몇 사람과 1주일간 집회를 했습니다. 제가 설교한 후 청년들과 열심히 기도했습니다. 그때, 저는 중학교 이후 처음으로 하나님께 방언을 위해 기도했습니다. 방언을 사모했던 그 학생에게 아무런 도움도 주지 못한 것이 너무 부끄럽고, 성령의 은사에 대해 무지하고 체험도 부족한 것이 목회자로서 결격사유처럼 느껴졌기 때문입니다. 방언이 외국어든 알지 못하는 언어든 상관없었습니다. 그런 은사가 실제로 존재하고, 그것이 신자들의 신앙생활에 긍정적인 도움이 된다면 함부로 무시하거나 포기할 수 없다는 생각이 처음으로 들었습니다. 저는 청년들에게 저를 위해 기도해 달라고 부탁했고, 우리 모두 정말 간절히 기도했습니다. 그렇게 3일이 지났습니다. 그리고 이어진 기도 시간에 한 청년이 소리쳤습니다. "목사님, 지금 방언으로 기도하시네요. 할렐루야!" 정말, 제가 방언으로 기도하고 있었습니다. 그 순간, 중학교 때 저의 '브라싸브리가'를 통역하신 강사의 통역이 떠올랐습니다. "주님, 지금 이 학생이 주의 종이 되겠다고 서원하고 있습니다." 당시에 저는 그분의 통역을 터무니없는 헛소리요, 인간의 조작이라고 비난했습니다. 그런데 과정과 실체를 충분히 이해하고 설명할 순 없지만, 분명한 것은 제가 이미 목사가 되었으며, 방언으로 기도하게 되었다는 사실입니다.

물론, 지금도 저는 확신할 수 없습니다. 중학교 때 강사의 지침대로 '브라싸브리가'를 반복했던 것이 정말 방언이었는지 아니면 '짝퉁'이었는지, 그리고 그런 기이한 상황에서 정말 성령께서 제 입으로 그런 서원을 하게 하셨는지 아니면 그 강사가 지어낸 이야기인지 말입니다. 하지만 후에 제가 직접 방언의 은사를 사모하게 되고 실제로 방언으로 기도하게 되면서, 방언에 대한 저의 옛 오해와 거부감은 많이 사라졌습니다. 지금도 저는 종종 방언으로 기도합니다. 그리고 이런 은사를 누리게 된 것에 대해 주께 감사드립니다. 그 결과, 저는 지금도 성령의 은사가 계속된다고 확신하게 되었습니다. 방언뿐 아니라, 신유, 예언, 축귀, 영분별, 지혜, 지식, 가르침 등 다른 은사들도 성령의 뜻 안에서 얼마든지 우리가 경험할 수 있다고 믿습니다. 이것은 우리가 결코 포기할 수 없는 하나님의 선물이며, 우리에게 주어진 하나님의 축복입니다.

하지만 제가 목격하고 경험했던 방언이 과연 사도행전 2장에서 소개하는 방언과 같은 것일까요? 현재, 한국교회가 체험하고 추구하는 방언이 성경이 전하는 방언의 실체와 신비의 전부일까? 정말, 성령께서 방언을 허락하신 이유와 목적이 이해할 수 없는 이상한 언어로 기도하는 것일까요? 분명히 저는 현재 교회에서 경험되는 방언의 가치와 진정성을 부정하지 않습니다. 그것이 주는 신앙적 · 목회적 유익이 분명하기 때문입니다. 동시에, 성경의 방언과 현재의 방언을 맹목적으로 동일시하기에는 아쉽고 석연치 않은 부분이 적지 않습니다. 그래서 우리는 사도행전의 방언을 좀 더 진지하게 검토해야 합니다.

제2장 ■ 복음

　성령세례를 받은 제자들은 예수의 실체를 깨달았습니다. 이후에 제자들은 이 깨달음을 당당히 전하기 시작했습니다. 성령의 조명 없이 이해할 수 없는 진리, 깨닫는 순간부터 전하지 않을 수 없는 진리, 전하지 않으면 세상이 들을 수 없는 진리, 무엇보다 성령의 도움 없이 전할 수 없는 진리, 곧 복음입니다. 그래서 복음은 인류가 오랫동안 기다렸던 소식이며, 온 인류가 반드시 들어야 할 소식입니다. 사람을 살릴 유일한 진리이며, 세상을 새롭게 할 유일한 메시지입니다. 이 복된 소식을 들은 사람들이 모여 교회를 구성합니다. 교회는 이 복음을 전하기 위해 존재합니다. 그리고 이 복음이 이 땅에 하나님 나라를 세웁니다. 그래서 복음은 교회의 핵심입니다.

언어로서의 방언

역사적으로, 방언에 대한 의견은 크게 둘로 나뉩니다. 초기에는 방언을 말세에 하나님께서 해외 선교를 위해 주신 외국어라고 믿었습니다. 하지만 오늘날은 방언을 인정하는 사람들도 대부분 방언을 이해할 수 없는 언어라고 생각합니다. 그래서 오직 통역의 은사를 받은 사람만 이해할 수 있다고 주장합니다. 양측의 주장이 다르지만, 공통점이 하나 있습니다. 양측 모두 방언을 일종의 언어로 여긴다는 것입니다. 그런데 언어의 일차적인 기능은 '의사소통'입니다. 그런 관점에서, 성령이 오순절 마가의 다락방에 임했을 때, 초대교인들이 방언으로 기도했고 주변 사람들이 그 내용을 이해했다는 것은 방언이 언어로서 기능했다는 뜻입니다.

이것은 당시 장면을 묘사한 사도행전의 기록을 통해 확인할 수 있습니다. 먼저, 누가는 "그들은 모두 성령으로 충만하게 되어서, 성령이 시키는 대로 각각 방언으로 말하기 시작하였다"2:4라고 말합니다. 이때 방언은 이해할 수 없는 정체불명의 발화현상이 아니라, 분명히 구별할 수 있는 외국어였습니다. 이 장면에 대한 누가의 기록입니다.

이런 말소리가 나니, 많은 사람이 모여와서, 각각 자기네 지방

말로 제자들이 말하는 것을 듣고서 어리둥절하였다.2:6

외국에서 살다가 유월절을 지키기 위해 예루살렘에 도착한 사람들이 자신들이 살고 있는 나라와 지역의 언어를 직접 들은 것입니다. 분명히, 기도하던 사람들은 아람어를 사용하는 유대인들입니다. 그런데 그들이 다양한 외국어로 기도했으니, 그런 기도 소리를 들은 이들이 당황한 것은 지극히 당연합니다. 누가는 그 사람들의 출신 지역까지 상세히 밝힙니다.

> 우리는 바대 사람과 메대 사람과 엘람 사람이고, 메소포타미아와 유대와 갑바도기아와 본도와 아시아와 브루기아와 밤빌리아와 이집트와 구레네 근처 리비아의 여러 지역에 사는 사람이고, 또 나그네로 머물고 있는 로마 사람과 유대 사람과 유대교에 개종한 사람과 크레타 사람과 아라비아 사람인데2:9–11

제자들의 방언이 이해할 수 있는 언어였다는 또 다른 증거는 그 방언을 통해 분명한 메시지가 전달되었다는 사실입니다. 언어의 근본적인 기능과 존재 이유는 화자話者들 간의 의사소통입니다. 따라서 어떤 사람이 유창하게 외국어를 발음해도 그 의미를 제대로 이해할 수 없다면, 결코 그가 그 언어를 안다고 말할 수 없습니다. 또한,

그 외국어는 언어로서 기본적인 기능을 다 하지 못한 것입니다. 이런 맥락에서, 오순절에 제자들이 말한 방언은 주변 사람들이 분명히 이해할 수 있는 내용을 담고 있었습니다. 방언은 성령의 메시지를 전달하기 위한 도구였던 것입니다. 즉, 성령이 제자들에게 임하여 성령이 시키시는 대로 방언을 말하기 시작했다는 것은 성령이 방언을 통해 전달하고 싶으셨던 중요한 메시지가 있었음이 틀림없습니다. 누가는 이 사실을 이렇게 기록합니다.

> 우리는 저들이 하나님의 큰 일들을 "방언으로 말하는 것을 듣고 있소." 사람들은 모두 놀라 어쩔 줄 몰라서 "이게 도대체 어찌 된 일이오" 하면서 서로 말하였다. 그런데 더러는 조롱하면서 "그들이 새 술에 취하였다" 하고 말하는 사람도 있었다 2:11-13

주변 사람들이 들은 방언의 내용은 "하나님의 큰 일들"the wonder of God입니다. 제자들이 방언으로 하나님이 행하신 위대한 일에 대해 말한 것입니다. 이 소리를 들은 사람들의 반응은 즉시 둘로 나뉘었습니다. 한 부류는 큰 충격 속에 소위 '맨붕' 상태에 빠졌습니다. 내용이 너무나 충격적이어서 어쩔 줄 몰랐던 것입니다. 다른 부류는 분노에 휩싸여 맹비난을 퍼부었습니다. 들은 내용이 터무니없었기 때문에,

제자들이 술주정한다고 공격한 것입니다. 제정신이라면 결코 그런 소리를 입 밖에 내지 않으리라 판단한 것 같습니다. 그렇다면 도대체 제자들이 방언으로 말한 "하나님의 큰일"은 무엇일까요? 도대체 제 자들이 무슨 말을 했기에, 사람들이 그토록 흥분하며 난리가 났을까요? 이 문제는 잠시 후에 살펴보겠습니다.

말했을까 vs 들렸을까

이 부분에서 우리의 호기심을 자극하는 것은 "정말 오순절에 마가의 다락방에 모인 제자들이 성령의 통제하에 자신들이 한 번도 배운 적이 없는 외국어로 기도했을까?" 하는 것입니다. 오늘날 오순절 주의자들이 방언의 진정성과 신학적 근거로 주목하는 것이 바로 성경의 이 장면이기 때문에, 이것은 쉽게 간과할 수 없는 문제입니다.

이 장면에 대해서, 성경은 분명히 제자들이 "각기 다른 방언으로 말했다"라고 기록합니다. 이것을 문자 그대로 이해하면, 제자 중 어떤 이는 바사어로, 다른 사람은 매대어로, 제3의 제자는 이집트어나 로마어로 기도했다는 뜻입니다. 결국, 그들의 기도 소리를 들었던 외국인들의 언어 수와 정확히 일치하는 여러 언어가 제자들의 입술을 통해 터져 나왔다는 것입니다. 마치 다양한 음색과 기능을 지닌 악기들로 구성된 오케스트라에서 모든 연주자가 동시에 같은 멜로디를 연주하는 것처럼 말입니다.

한편, 이 장면을 다르게 해석할 수도 있을 것입니다. 즉, 갈릴리 출신의 제자들은 그들의 모국어인 아람어로 기도했습니다. 그런데 그들 위에 성령이 임하여 그들의 기도를 통제하기 시작하면서, 각각 다른 언어를 사용하는 외국인들의 귀에 각각 그들의 언어로 기도가 들리기 시작한 것입니다. 마치 유엔총회에서 한국 대통령이 한국어로 연설할 때, 그 자리에 참석한 세계 각국의 대표들이 동시 통역사들을 통해 번역된 각자의 언어로 그 내용을 듣게 되는 것처럼 말입니다.

물론, 이 두 가지 경우 중, 어떤 것이 오순절에 벌어진 것인지 우리는 알 수 없습니다. 하지만 어떤 경우이든, 정말 중요한 것은 방언을 통해 성령께서 특별한 메시지를 청중들에게 전달하셨다는 사실입니다. 유엔에서 한국 대표가 영어로 연설을 했느냐 한국어로 했느냐는 문제의 본질이 아닙니다. 그의 연설 **내용**이 연설 **언어**보다 더 중요하기 때문입니다. 언어는 도구이고, 내용 즉 메시지가 목적입니다.

사람들이 놀란 이유

마가의 다락방 주변에서 예수 공동체의 기도 소리를 들은 디아스포라 유대인들은 말 그대로 '깜짝' 놀랐습니다. 갈릴리 사람들로 추정되는 일군의 무리가 세계 각처의 방언을 유창하게 말하는 것 자체가 믿을 수 없는 기이한 일이었기 때문입니다. 위에서 살펴본 것처럼, 예수 공동체의 구성원들이 직접 외국어를 말했는지, 아니면 단지 주변 사람들의 귀에 그렇게 들렸을 뿐인지 알 수 없지만, 분명한 사실은 그 외국인들이 제자들의 기도를 자신들의 언어로 듣고 이해했다는 것입니다. 외국에서 살아본 경험이나 외국어를 직접 공부한 적이 없는 촌사람들이 외국어를 유창하게 말한다면, 이 장면을 목격한 사람은 누구든지 매우 놀랄 것입니다. 현실적으로 불가능한 일이고, 상식적으로 이해할 수 없는 현상이기 때문입니다. 따라서 예루살렘 한복판에서 갈릴리 사람들의 입을 통해 외국어가 들리고 외국인들이 그 의미를 이해한 것 자체가 분명히 경이로운 사건임이 틀림없습니다.

하지만 이들이 놀란 진짜 이유는 따로 있습니다. 즉, 예루살렘을 방문한 디아스포라 유대인들은 갈릴리 사람들의 입을 통해 자국어를 들었다는 사실보다, 방언을 통해 들은 내용 때문에 큰 충격을 받은 것입니다. 그렇다면 방언을 통해 전달된, 혹은 방언을 통해 그들이 들은 내용은 무엇이었을까요? 그것은 바로 '하나님의 큰일들' 입니다. 누가는 분명히 말합니다. "우리는 저들이 하나님의 큰일들을 방언으로 말하는 것을 듣고 있소."2:11 즉, 이들이 방언을 통해 들은 '하나님의 큰일들' 때문에 모두가 놀라 어쩔 줄 몰랐던 것입니다. 하지만 일부 사람들은 놀라는 대신, 자신들이 들은 내용을 술 취한 사람들의 주정으로 폄하하며 무시했습니다. "더러는 조롱하면서 '그들이 새 술에 취하였다'라고 말하는 사람도 있었다."2:13 갈릴리 사람들이 외국어를 유창하게 말하는 것을 들으면서 술 취한 사람들의 술주정이라고 무시하는 사람은 없을 것입니다. 이것은 언어 자체가 아니라, 그 언어로 들은 내용, 즉 예수 공동체가 방언으로 말한 '하나님의 큰일들'에 동의할 수 없었기 때문입니다. 그들의 판단에, 그들이 들은 '하나님의 큰일들'이라는 것이 이성과 상식에 반하기 때문에, 도무지 받아들일 수 없었기 때문입니다.

이처럼, 사람들이 들은 내용에 당황하거나 용납하지 못해서 분노하자, 베드로는 다른 사도들과 함께 일어나 "목소리를 높여서 그들에게 엄숙하게" 말했습니다. "지금은 아침 아홉 시입니다. 그러니 이 사람들은 여러분이 생각하듯이 술에 취한 것이 아닙니다."2:15 그러면서 지금 벌어지고 있는 경이로운 사건이 사실은 '요엘 2장 28-32절'에 기록된 예언의 성취라고 담대히 선포했습니다. 그리고 시편 16:8-11, 시편 110:1을 인용하면서, 이 예언과 현실, 그 속에 담긴 진리를 상세히 설명했습니다. 따라서 경건한 유대인들이 놀랐던 근본적인 이유는 그들이 들은 방언 자체보다 방언의 내용, 즉 '하나님의 큰일들'이었음에 틀림없습니다.

하나님이 행하신 큰일

이 땅에 존재하는 수많은 종교는 각자의 고유한 신들을 숭배합니다. 그 신들은 결코 인간이 모방할 수 없는 놀라운 능력을 지니고 있으며, 다른 신들과 구별되는 독특한 기능과 역할을 수행합니다. 그렇다면, 그런 신들과 구별되는, 아니 다른 신들은 결코 행할 수 없고, 오직 야웨 하나님만 행할 수 있는 '큰 일들'은 무엇일까요? 틀림없이, 하나님만 행하실 수 있는 바로 그 '큰 일들' 때문에, 유대인들과 최초의 그리스도인들이 세상의 신들, 특히 이스라엘을 지배했던 위대한 제국들의 신들이 아니라, 야웨 하나님만 섬겼을 것입니다.

이런 맥락에서, 성경이 분명하게 선언하고 이스라엘 백성이 굳게 믿었던 야웨 하나님의 큰일은 단연 '천지창조'입니다. 성경은 "태초에 하나님이 천지를 창조하셨다"^{창1:1}로 시작합니다. 원망하는 욥에게 하나님이 하신 첫 번째 말씀도 "내가 땅의 기초를 놓을 때 네가 거기에 있기라도 하였느냐?"^{욥38:4}였습니다. 국가적 위기에 처한 이스라엘을 향해 선지자 이사야도 단호하게 선언했습니다. "너는 알지 못하느냐? 너는 듣지 못하였느냐? 주님은 영원하신 하나님이시다. 땅끝까지 창조하신 분이시다."^{사40:28} 결국, 이 땅에 존재하는 다른 신들은 "대장장이가 부어 만들고 도금장이가 금으로 입히고, 은사슬을 만들어 걸친"^{사40:19} 우상에 불과합니다. 따라서 이스라엘의 하나님이 행하신 위대한 일, 그래서 다른 우상들과 결정적으로 구별되는 그 '큰일'은 천지창조임이 틀림없습니다.

하지만 문제는 하나님께서 천지를 창조하셨다는 사실을 듣고 경건한 유대인들이 그렇게 심각하고 부정적인 반응을 보였을 리가 없다는 것입니다. "하나님이 천지를 창조하셨다"라는 사실을 제자들이 방언으로 말했을 때, 과연 성경에 익숙한 유대인들이, 성지순례를 실천할 만큼 돈독한 신앙의 유대인들이 깜짝 놀라 어쩔 줄 모르고, 심지어 술 취한 자들의 헛소리로 치부하며 무시할 수 있었을까요? 결코 그럴 수 없을 것입니다.

그렇다면, 이들이 들었던 '하나님의 큰일'은 도대체 무엇일까요? 일단, 모든 유대인이 이미 다 알고 믿던 천지창조는 아니었을 것입니다. 그것만은 분명합니다. 대신, 그들이 자신들의 경험과 상식에 근거해서 판단할 때, 아직 한 번도 들어본 적이 없는, 대단히 낯설고 기이하여 도무지 받아들일 수 없는 황당하고 충격적인 내용이었을 것입니다. 분명히 하나님이 행하신 또 하나의 큰일, 위대한 일이 존재함이 틀림없습니다. 이것은 천지창조만큼 엄청나며 결정적인 사건입니다.

아직 대부분의 사람들은 그 위대한 일에 대해 듣지 못했습니다. 예수 공동체를 제외하고 말입니다. 하지만 이 사실은 하나님의 천지창조만큼 중요한 진리이므로, 온 인류가 반드시 듣고 알아야 합니다. 그런데 이것은 인간들 스스로 깨달을 수 없고, 인간의 힘만으로 전할 수 없는 것입니다. 그래서 이 새로운 진리, 그러나 그동안 감추어졌던 진리를 온 세상에 전하기 위해 성령께서 개입하셔야 했습니다. 때마침, 유월절을 당하여 세계 각처에서 온 사람들이 예루살렘에 모이자, 성령께서 제자들의 입을 통해, 특히 방언이라는 초자연적인 매체를 사용하여, 이 진리를 강력히 선포하셨습니다. 그러자 이 낯설고 충격적인 내용에 주변 사람들이 크게 당황하며 극심한 혼란에 빠진 것입니다.

이처럼, 경건한 유대들을 충격과 혼란에 빠뜨렸던 '하나님의 큰 일'은 마침내 베드로의 설교 결론 부분에서 분명하게 제시됩니다. 앞에서 언급했듯이, 베드로는 이 성령강림과 제자들의 방언이 요엘 선지자의 예언이 실현된 것으로 이해했습니다. "이 일은 하나님께서 예언자 요엘을 시켜서 말씀하신 대로 된 것입니다."행2:16 그런 후, 나사렛 예수에 대해 긴 설교를 시작합니다. 그는 나사렛 예수가 행한 놀라운 일들이 모두 하나님에 의해 이루어진 것이며, 하나님의 예정과 역사에 의해 예수가 십자가에 달려 죽은 후 부활했다고 설명했습니다. 그리고 자신의 설교를 이렇게 마무리했습니다.

그러므로 이스라엘 온 집안은 확실히 알아두십시오. 하나님께서는 여러분이 십자가에 못박은 이 예수를 주님과 그리스도가

되게 하셨습니다.행2:36

얼마 전, 온 이스라엘 백성이 나서서 십자가에 못 박아 죽인 나사렛 예수를 하나님께서 다시 살리셨습니다. 그뿐만 아니라, 그를 이스라엘과 온 인류의 "주님과 그리스도"가 되게 하셨습니다. 이스라엘의 지도자들과 백성들은 빌라도와 결탁하여 예수를 거짓 예언자, 위험한 선동가, 신성모독적인 성전파괴자로 정죄했고, 일말의 죄책감도 없이 "그는 십자가에 못박아야 합니다,"마278:22 "그 사람의 피는 우리와 우리 자손에게 돌아올 것이오"마27:25라고 광란 속에 소리쳤습니다. 그런데 지금 성령에 휩싸인 제자들이 방언으로 선포했고, 그것을 베드로가 다시 한번 확증했습니다. 그들이 죽인 나사렛 예수를 하나님께서 "주님과 그리스도"로 만드셨다고 말입니다. 그러니 그들이 놀라지 않았겠습니까? 그들이 이 모든 것을 술주정으로 무시하고 싶지 않았겠습니까? 하나님 앞에서 씻을 수 없는 죄를 범한 자들이 자신들의 범죄가 노출될 때 보이는 반응이 이런 것이 아닐까요? 순진한 경악과 교활한 부정.

이것은 "성령이 너희에게 내리시면…내 증인이 될 것이다"행1:8라는 예수의 말씀이 실현된 사건입니다. 이것은 예수께서 제자들에게 성령에 대해 가르치며 약속하신 것, 즉 "그분 곧 진리의 영이 오시면 그가 너희를 모든 진리 가운데로 인도하실 것이다… 또 그는 나를 영광되게 하실 것이다. 그가 나의 것을 받아서 너희에게 알려 주실 것이기 때문이다."요16:13-14라는 예언과 언약의 성취입니다. 그뿐만 아니라, 주님의 교회가 세워지기 위해 꼭 필요한 신앙고백, 즉 '예수 께서 우리의 주님이시다' 라는 고백이 마침내 성령에 의해 제자들을 통해 이루어지는 순간입니다. 성령의 역사와 제자들의 고백을 통해 서 말입니다.

교회, 방언 공동체

저는 현재 오순절교회를 중심으로 한국교회 전역에서 추구하고 실천하는 방언을 성령의 귀한 선물로 인정합니다. 없는 것보다 있는 것이 훨씬 유익하고 좋습니다. 방언을 체험하고 누리는 분들은 정말 성령으로부터 귀한 선물은사을 받은 것입니다. 그러므로 감사해야 하 고 소중하고 유익하게 사용해야 합니다. 동시에, 아직 이런 은사를 누리지 못하는 분들이 계시다면, 포기하지 말고 이 은사를 체험하기 위해 더욱 사모하고 구해야 할 것입니다.

그렇다고, 이런 신비 현상으로서의 방언이 우리 신앙에 유일하 고 절대적인 요소인 것은 결코 아닙니다. 체험하고 누리면 귀하고 복 되지만, 체험하지 못했다고 해서 구원에 지장이 있거나, 신앙적으로 열등한 것도 아닙니다. 더욱이, 하나님의 은혜에서 제외되거나 하나님께 차별대우를 받는 것도 결코 아닙니다. 그야말로 옵션option입니다. 물론 받아서 누리면 좋지만, 없다고 해서 실망할 필요도 없다는 말입니다.

하지만 진정한 방언은 초자연적으로 발화된 외국어나 이해할 수 없는 언어 현상 자체가 아닙니다. 대신에 저는 복음, 즉 "나사렛 예수가 우리의 주와 그리스도시다"라는 메시지를 선포하는 이 땅의 모든 언어, 혹은 언어 현상입술을 통해 발화되는 일반적인 언어뿐 아니라, 손과 몸짓으로 표현되는 일체의 의사소통이 진정한 의미의 '방언'이라고 확신합니다. 또한 복음을 고백하고 증거하는 언어 행위로서의 방언은 모든 그리스도인이 예외 없이 체험하고 누리고 실천해야 할 '영적 특권이자 의무'임에 틀림없습니다.

이 복음의 고백과 증거는 결코 학습이나 훈련으로 획득하거나 돈으로 구매할 수 있는 것이 아닙니다. 심지어 유서 깊은 그리스도인 가정에서 태어나고 성장했다고 해서, 혹은 부모형제가 목회자들이기 때문에 자동적·우선적으로 보장되거나 주어지는 것도 아닙니다. 오직 성령이 임하셔서 허락하고 역사하실 때, 우리 입을 통해 나타나는 경이로운 신비현상입니다. 성부 하나님이 허락하지 않으면 아무도 예수께 나올 수 없습니다.요6:65 성령 하나님이 허락하지 않으면 아무도 예수를 주로 시인할 수 없습니다.고전12:3 이 모든 것은 하나님의 은혜와 역사를 통해서만 가능한 초월적·초자연적 축복입니다. 그러므로 그리스도인이 된다는 것은 예수를 주와 그리스도로 시인하고 증거 하는 사람이 된다는 것이고, 성령 안에서 모인 그리스도인 공동체로서 교회는 이런 복음에 대한 고백 위에 세워지며, 이 복음을 전하는 증인의 사역을 감당하기 위해 존재합니다. 그런 의미에서, 그리스도인이 된다는 것은 곧 방언하는 사람이 된다는 뜻입니다. 그런 의미에서, 교회는 방언 공동체입니다.

제3장 ■ 증인

　예수께서 제자들에게 성령을 약속하신 가장 일차적인 이유는 그들을 자신의 증인으로 세우기 위함이었습니다. 예수는 생전에 이미 제자들에게 성령의 도래를 약속하셨고, 부활 후 다시 한번 반복하셨습니다. 그리고 마침내 그 약속이 오순절에 실현되었습니다. 제자들이 예수와 함께 살며 배웠지만, 이것만으로 부족했던 것 같습니다. 제자들이 지적인 학습과 인간적 관계만으로 증인이 될 수는 없었던 것 같습니다. 성령세례가 절대적으로 필요했던 이유입니다. 성령의 임재로 복음이 선포되고 교회가 형성되었다면, 교회의 존재 이유와 핵심적 사명도 예수를 증거하는 것임이 틀림없습니다. 성령이 세우신 교회는 증인들의 공동체이기 때문입니다.

이미 그러나 아직

예수의 제자들은 예수 생전에 특별한 혜택을 누렸습니다. 물론, 그들은 다른 이들과 달리, 예수를 따르기 위해 자신의 가족, 직업, 재산, 고향을 버렸지요. 하나님의 부르심에 순종하고 "본토 친척 아비 집"을 떠났던 아브라함과, 하나님의 명령에 따라 가족과 정든 땅을 떠나 이집트로 떠났던 모세처럼, 제자들도 "나를 따르라"는 예수의 부름에 순종하여 따라나선 이들입니다. 이런 면에서, 예수 주변에 있던 익명의 군중과 제자들은 분명히 차이가 있습니다. 또한, 제자들은 직접 예수와 동행·동거하며, 예수의 가르침을 직접 경험했고, 예수가 행한 기사와 이적도 직접 목격했습니다. 따라서 제자들은 멀리서 예수를 보았거나, 이따금 그의 말씀을 들었거나, 혹은 그에 대한 소문만 들었던 사람들과는 비교할 수 없을 정도로, 예수와 특별한 관계를 맺었으며, 예수에 대해 다른 차원의 기억과 정보도 갖고 있었습니다.

하지만 오순절 사건 전까지, 그들은 단지 수동적·피동적으로 예수를 따르던 사람들에 불과했습니다. 직접 기적을 체험하고 말씀을 들었지만, 여전히 그들은 예수의 말씀, 예수의 진심을 제대로 이해하지 못했습니다. 예수 자신에 대한 오해도 깊었습니다. 그래서 예수가 위기에 처하자 그와의 관계를 부정하고 몸을 피했으며, 절망과 공포 속에 자포자기했던 것입니다.

그랬던 제자들이 부활한 예수를 만나고 약속된 성령을 체험한 후, 극적으로 변하기 시작했습니다. 성령에 사로잡힌 제자들은 더는 자기 맘대로 살 수 없었습니다. 베드로의 고백처럼, 이제 그들은 성령의 통제 속에 있는 예수의 제자와 증인, 그리고 왕 같은 제사장입니다. 따라서 "자기를 부인하고 십자가를 지고 예수를 따르는 자"마 16:24요, "자기를 위해 죽으신 예수를 믿는 믿음 안에서 사는 자"갈2:20요, "세상에 대해서는 죽은 자"갈6:14요, "세상을 본받지 않고 마음을 새롭게 하여 자신을 하나님께 산 제물로 드린 자"롬12:1가 될 것입니다. 물론, 그들의 육신은 연약하고, 의식과 행동 속에 과거의 습관과 문화가 남아 있었지만, 그들 안에서 거대한 변화가 시작된 것은 분명했습니다. 그래서 과거의 삶을 지속할 수 없었습니다.

드디어 깨닫다

예수의 고향 사람들은 예수의 출신성분과 가정환경 때문에 예수를 무시했습니다. "이 사람은 요셉의 아들이 아닌가?"눅4:22 바리새인과 서기관은 자신들의 신학과 교리에 근거해서 예수의 가르침과 사역을 귀신놀음으로 폄하했습니다. "그가 바알세불이 지폈다 하며 또 귀신의 왕을 힘입어 귀신을 쫓아낸다 하니."막3:22 정치인들은 그의

운동을 무모한 정치적 반란행위로 규정했습니다. "빌라도가 묻되 네가 유대인의 왕이냐."막15:2

사실, 오랫동안 예수에 대한 제자들의 이해도 그들과 별로 다르지 않았습니다. 그들은 예수가 장차 세울 나라에서 고위직을 미리 확보하려고 서로 다투었으며, 심지어 가족까지 동원해서 청탁했습니다. 그런 제자들을 바라보면서, 예수는 제자들이 자신을, 그리고 그들이 기대하는 것을 철저히 오해했다고 지적하셨습니다.막10:38 결국, 예수가 위기에 처하자, 제자들은 주저 없이 예수와 자신들의 관계를 부정했고, 자신들의 목숨을 구하기 위해 예수를 떠났습니다. 그들은 자신들이 누구보다 예수를 잘 안다고 생각했지만, 실제로는 전혀 몰랐던 것입니다.

그랬던 제자들이 성령께서 임하신 후 극적으로 변했습니다. 무엇보다, 예수의 정체를 정확히 인지했습니다. 이것은 예수의 약속이 성취된 것입니다. 요한복음 15장에서, 예수는 이렇게 제자들에게 약속하셨지요.

내가 아버지께로부터 너희에게 보내려는 보혜사, 곧 아버지께로부터 오는 진리의 영이 오시면, 그 영이 나를 증언하실 것이다. 너희도 처음부터 나와 함께 있었으므로, 나의 증인이 될 것이다.26-27

예수의 약속처럼, 보혜사 성령께서 제자들에게 임하자 그들은 예수의 실체를 정확히 깨달았습니다. 그들은 예수의 말씀을 수없이 듣고 경이로운 사역도 빈번히 목격했지만, 그분의 실체를 제대로 이해하지 못했습니다. 하지만 보혜사 성령께서 그들에게 임하자, 제자들이 예수의 실체를 정말 "얼굴과 얼굴을 마주하는 것처럼"고전13:12 정확히 인지하게 된 것입니다. 다음과 같은 베드로의 말 속에서 우리는 그 증거를 발견할 수 있습니다.

> 그러므로 이스라엘 온 집안은 확실히 알아 두십시오. 하나님께서는, 여러분이 십자가에 못 박은 이 예수를 주와 그리스도가 되게 하셨습니다.행2:36

이처럼, 인간 예수를 다양한 자료와 정보를 통해 알고 이해할 수 있지만, 예수를 주와 그리스도로 이해하고 고백하는 것은 오직 성령의 역사로만 가능합니다. 그래서 바울도 다음과 같이 단호하게 선언했던 것입니다. "성령으로 감동하지 않고서는 아무도 '예수를 주님이시다'고 말할 수 없습니다."고전13:3

성경을 새롭게 이해하다

성령을 통해 예수를 제대로 알게 된 순간, 제자들은 **성경**도 과거와는 전혀 다른 관점에서 이해하게 되었습니다. 그들은 과거에 성경을 어떻게 읽었을까요? 물론, 예수의 가르침 덕택에, 제자들은 성경의 주요 본문과 논점에 대해 새로운 정보를 얻을 수 있었습니다. 예수께서 성경을 깊이 존중하셨지만, 특정 구절에 대한 유대인들의 전통적 해석에 대해서는 참신하게, 심지어 과감하게 도전하셨기 때문입니다. 예를 들면, 예수는 금식과 결혼, 안식일에 대해서 매우 혁신적인 해석을 시도하셨습니다.^{마5장}

그럼에도, 제자들의 성경 이해는 전통적인 범주를 넘지 못했습니다. 예수께서 자신의 정체성을 수없이 설명하고 자신에게 주어진 길을 분명히 밝혔지만, 제자들은 그 말을 대부분 이해하지 못했습니다. 때로는 그의 말씀을 부정했고, 심지어 저항했습니다. "베드로가 예수를 꼭 붙들고, '주님, 안 됩니다. 절대로 이런 일이 주님께 일어나서는 안 됩니다.' 하면서 예수께 항의하였다."^{마16:22} 예수의 분명한 가르침에도 불구하고, 전통적인 성경 해석을 넘어서지 못했기 때문입니다.

그런데 성령을 체험한 후 제자들은 변했습니다. '주와 그리스도'라는 예수의 실체를 깨닫자, 성경이 전혀 새롭게 이해되기 시작한 것입니다. 드디어 성경에서 예수가 보이기 시작했습니다. 성경 속에 숨겨져 있던 예수의 비밀이 벗겨지기 시작하면서 성경에 예언된 예수의 본질을 이해하게 된 것입니다. 성령에 취한 베드로가 성경을 종횡무진하며 예언된 예수의 실체를 선포한 것이 단적인 증거입니다.

먼저, 제자들은 지금 폭발한 성령의 역사가 우연한 사건이 아니라, 요엘 선지자의 예언이 성취된 것임을 깨달았습니다. 즉, 오순절에 성령을 체험한 베드로와 제자들은 이 사건이 예수의 약속이 성취된 것이며, 더 나아가 구약에서 오래된 예언인 요엘의 예언이 실현된 것임을 발견했습니다. 그들은 분명히 예수의 말씀을 들었습니다. "내가 가면, 보혜사를 너희에게 보내주겠다." 요16:7 하지만 그 의미는 이해하지 못했습니다. 그래서 그의 죽음에 절망하며 흩어졌던 것입니다. 또한, 요엘의 예언도 모르지 않았을 것입니다.

하나님께서 말씀하셨다. 마지막 날에, 나는 내 영을 모든 사람에게 부어 주겠다. 아들과 딸들은 예언을 하고, 젊은이들은 환상을 보고, 나이 든 사람들은 꿈을 꿀 것이다. 그날에 나는 내 영을 내 남종과 여종에게 부어 주겠으니, 그들도 예언을 할 것이다. 행2:16~18

하지만 그 예언의 의미를 헤아리지 못했습니다. 그런데 성령체험으로 예수의 말씀을 깨닫자, 이 사건이 바로 요엘 예언의 성취임을 자각했습니다. 즉, 이것이 돌발사건이나 역사적 우연이 아니라, 오래전에 선포된 성경적 예언의 실현이며 그 중심에 예수가 있음을 발견한 것입니다.

이어서 베드로는 두 번에 걸쳐 시편의 글을 인용했습니다. 하나는 시편 16:8-11이고, 다른 하나는 시편 110:1입니다. 먼저, 베드로는 시편 16편의 글을 인용하면서, "그리스도는 지옥에 버려지지 않았고, 그의 육체는 썩지 않았다"[10]는 말씀에 주목했습니다. 전통적으로, 이 본문은 다윗이 자신에 관해 이야기한 것으로 해석됐습니다. 하지만 이제 이 본문은 다윗이 자신에 대해 노래한 것이 아니라, 예수에 대해 예언한 것으로 이해되었습니다. 로마와 유대의 결탁 속에 십자가를 지신 예수를 하나님께서 지옥에 버려두지 않으셨고, 그 육체가 부패하도록 방치하지 않으셨다는, 즉 예수의 부활을 예언하고 확증하는 본문으로 해석하게 된 것입니다.

또한, 베드로는 시편 110편에서 예수의 승천에 대한 예언을 발견했습니다. "주님께서 내 주님께 말씀하시기를, 내가 네 원수를 네 발아래에 굴복시키기까지, 너는 내 오른쪽에 앉아있어라 하셨습니다."[1] 이 구절에 대한 일반적인 해석도 다윗과 관련된 것입니다. 하지만 성령 세례를 통해 '주와 그리스도'로서 예수의 실체를 깨달은 제자들에게 이 본문은 더는 다윗에 대한 찬미가 아니었습니다. 도무지 그렇게 읽을 수가 없었습니다. 부활하여 자신들에게 나타나시고 자신들 앞에서 승천하신 예수에 대한 놀라운 예언으로 읽을 수밖에 없었던 것입니다.

이처럼, 제자들 위에 임하신 성령은 제자들의 눈을 열어 예수의 실체를 보게 하셨을 뿐 아니라, 성경에 대한 전통적인 이해를 뒤집어 전혀 다른 시각으로 읽게 했습니다. 그 결과, 제자들은 성경이 예수에 관한 이야기로 가득함을 발견했습니다. 이처럼, 강력한 영적 체험에 근거한 예수 인식은 성경의 예언에 대한 새로운 이해와 확신으로 이어졌고, 이런 이해와 확신은 예수에 대한 그들의 인식과 신뢰를 더욱 심화시키는 상호작용을 가능케 했습니다.

증인이 되다

예수께서 승천하실 때, 제자들에게 약속하신 것이 있었습니다. 그들에게 성령이 오실 것이며, 그때 그들이 능력을 받고 예수의 증인이 될 것이라는 약속 말입니다.

성령이 너희에게 내리시면, 너희는 능력을 받고, 예루살렘과 온 유대와 사마리아에서, 그리고 마침내 땅끝에까지 이르러 내 증인이 될 것이다.행1:8

이 약속은 제자들에게 뼈저린 아픔이자 절실한 소망이었습니다. 잘 알려진 것처럼, 그들은 수년 동안 예수의 제자로서 함께 생활하며 가르침을 받았습니다. 그분이 행하시는 기사와 이적도 곁에서 직접 목격했습니다. 하지만 예수가 체포되고 처형되는 과정에서, 그들의 이런 관계, 가르침, 경험은 너무나 허망하고 허약한 것으로 판명되었습니다. 제자들을 대표한 예수의 특별한 사랑을 받았던 베드로마저 예수를 세 차례나 부인했고, 그들 중 가장 영민했던 가룟 유다가 스승을 은 30냥에 팔아넘긴 것입니다. 다른 제자들도 살기 위해 스승을 버리고 도주했습니다. 당겨졌던 용수철이 손을 떠난 순간 번개 같은 속도로 본래의 자리로 돌아가듯이, 예수의 죽음 이후 제자들은 뿔뿔이 흩어져 예전의 삶으로 복귀했습니다. 지난 시절의 가르침과 체험이 한순간에 물거품이 되고 말았습니다.

하지만 부활하신 예수께서 그들을 직접 찾아 나섰습니다. 잃어버린 어린 양을 찾아 나선 목자처럼. 그리고 그들을 떠나 하늘로 올라가실 때, 그들에게 두 가지 약속을 하셨습니다.

그 약속에 따라 먼저, 그들은 "능력"power을 받을 것입니다. 거대한 위협, 혹은 작은 유혹 앞에서 힘없이 무너졌던 제자들에게 가장 시급했던 것은 이런 유혹과 위협 앞에서 끝까지 흔들리지 않고 저항하며 주님의 뜻을 실천할 힘, 곧 능력이었습니다. 고향 사람들의 무시, 바리새인과 서기관들의 도전, 제사장과 장로들의 위협, 로마제국의 거대한 박해, 육체적인 배고픔과 질병, 그리고 천재지변의 공포 앞에서 끝까지 자기 사람들을 사랑하시고, 언제나 당당하게 하나님 나라의 복음을 전하셨던 예수처럼 말입니다.

다음으로, 그들은 "증인"witness이 될 것입니다. 예수가 부당한 고발과 거짓 증언, 그리고 광분한 군중의 터무니없는 요구로 절체절명의 위기에 처했을 때, 그들은 용감하게 예수의 편에 서야 했습니다. 예수에 대해 정직하게 증언하고, 예수에 대한 부당한 공모에 저항해야 했습니다. 하지만 그들은 그렇게 하지 못했습니다. 예수에 대한 증언은 고사하고, 자신들의 목숨을 부지하기 위해 사제 간의 관계마저 부정하고 도주했습니다. 하지만 이런 제자들에게, 예수께서 다시 한번 기회를 주셨습니다. 그들이 스승을 배반하고 그에 대한 증언을 포기했던 과오를 만회하고, 진정한 제자들로 거듭날 기회를 주시겠다고 말입니다.

이제, 제자들과 함께 일어서서 예수를 주와 그리스도로 선포하는 베드로를 통해 그 약속이 실현되었습니다. 그때 시간은 아침 9시였습니다. 그날 회개한 사람들의 수가 남자 성인만 3천여 명이었다는 기록을 고려할 때, 훨씬 더 많은 사람이 베드로의 설교를 들었을 것입니다. 이렇게 수많은 사람 앞에서 설교하는 베드로의 모습은 얼마 전 하녀 앞에서 자신과 예수의 관계를 부인했던 모습과 180도 다릅니다. 또한, 이날 설교의 결론은 "하나님께서는 여러분이 십자가에 못 박은 이 예수를 주님과 그리스도가 되게 하셨습니다."였습니다. 이것은 이스라엘 백성이 하나님에게 정면으로 도전했다는 뜻입니다. 이것은 하나님의 선택된 백성이란 자의식 혹은 신앙고백에 의지하며 그 모진 세월을 견뎌 온 이스라엘 민족에게 결코 용납될 수 없는 망언입니다. 이 설교가 얼마나 위험한 것인지는 집사 스데반에게 벌어진 일을 통해 확인할 수 있습니다. 스데반도 이렇게 설교했습니다. "당신들의 조상들이 박해하지 않은 예언자가 한 사람이라도 있었습니까? 그들은 의인이 올 것을 예언한 사람들을 죽였고, 이제 당신들은 그 의인을 배반하고 죽였습니다."행7:52 이에 대한 군중들의 반응은 어떠했습니까? "사람들은 귀를 막고, 큰소리를 지르고서 일제히 스데반에게 달려들어, 그를 성 바깥으로 끌어내서 돌로 쳤다."행7:57 예수에 대한 자신들의 증언에 군중이 이렇게 반응할 것이라고 베드로와 스데반이 예상하지 못했을까요? 분명히, 그들도 잘 알았을 것입니다. 그들도 얼마 전까지 똑같은 생각을 했으니까요. 하지만 성령에 감동된 그들은 더는 이전의 무지와 불신, 비겁의 사람들이 아니었습니다. 성령으로 권능을 받은 그들은 마침내 예루살렘에서 예수의 증인으로 우뚝 섰습니다. 비록, 그것이 비참한 고통과 죽음이 예정된 '제자도' discipleship였을지라도 말입니다.

내가 만난 증인

여러 해 전, 한 교회의 중고등부 수련회에서 말씀을 전한 적이 있습니다. 제가 수련회 장소에 도착했을 때, 중등부 전도사님이 면담을 요청했습니다. 당시 신학대학원 1학년에 재학 중이던 전도사님은 개척교회 목회자의 자녀로 성장했고, 몇 개월 전 그 교회 중등부에 부임했습니다.

이 교회에서 사역하게 되었을 때, 전도사님은 목회자인 아버지께 자신이 어떻게 사역해야 할 지 여쭈었고, 아버지는 "다른 것에 신경 쓰는 대신 학생들에게 정직하고 담대히 복음을 전해라"고 당부하셨답니다. 이 신출내기 전도사님은 아버지의 말씀에 따라, 부임과 동시에 중등부 학생들에게 진지하게 복음을 전했습니다. 하지만 한두 주가 지나면서 문제가 발생했습니다. 학생들이 전도사님의 설교에 싫증을 내기 시작했고, 예배출석자 수도 많이 감소한 것입니다. 전도사님은 교사회, 학부모회, 마지막엔 담임목사님께 불려가서 질책을 받았습니다. 전도사님이 설교시간에 '복음만' 전해서, 학생들이 지루하고 재미없어 교회 가기 싫어한다고 말입니다. 이제 전도사님은 자신의 설교내용과 방식을 바꾸든가, 아니면 교회를 사임해야 하는 절박한 처지에 몰렸습니다. 그런 상태에서 제게 면담을 청한 것입니다. 제게 그간의 상황과 자신의 심정을 이야기하면서, 전도사님은 하염없이 눈물을 흘렸습니다.

저는 전도사님의 이야기를 들으면서 '매우 융통성이 부족하고 답답한 사람'이라고 생각했습니다. 아버지가 복음만 전하랬다고 어린 학생들의 상태나 수준도 고려하지 않은 채 복음만 단조롭게 반복했으니, 학생들과 교회의 반응이 어떠했을지 쉽게 짐작할 수 있었습니다. 복음을 전하더라도 얼마든지 융통성 있게, 창의적이고 신선하게 접근할 수 있었을 텐데 말입니다.

동시에, 저는 복음이 사라진 현재 한국교회의 강단을 생각하며 마음이 아팠습니다. 분명히, 설교의 본질은 복음을 전하는 것입니다. 나사렛 예수 그리스도가 우리의 주와 그리스도이시며, 그분의 죽음과 부활이 구원의 핵심이고, 성령께서 교회를 통해 이 땅에 세우실 하나님 나라가 복음입니다. 설교자는 이 복음을 강단에서 가감 없이 반복해서 전해야 합니다. 하지만 언제부터인가, 설교는 재미있고, 참신하며, 감동적이어야 한다는 통념이 우리 안에 지배적으로 자리 잡게 되었습니다. 복음보다 예화가, 선포보다 설득이, 성령의 권능보다 논리와 수사학이 더 중요한 설교의 요소이자 기법이 된 것입니다. 물론, 예화, 논리, 수사, 설득은 결코 무의미하거나 무가치하지 않습니다. 그럼에도, 설교는 설득이나 제안이 아니며, 재미와 감동을 위한 종교적 예능은 더욱더 아닙니다. 결국, 목적과 수단, 본질과 도구가 전도되면서, 목회자의 자격과 자질, 역할과 기능 면에서 치명적인 변화와 왜곡이 발생한 것입니다.

설교가 본질에 충실하면서 재미와 감동까지 안겨줄 수 있다면 그야말로 '금상첨화'일 것입니다. 하지만 모든 설교자가 그런 탁월한 재능을 겸비한 것은 아닙니다. 그래서 만약 둘 중의 하나를 선택해야 한다면, 그럴 수밖에 없는 상황이라면, 특히, 재미와 감동의 화려한 장식에 가려서 설교의 본질인 복음이 간과되거나 약화한 상황이라면, 무엇보다 복음과 성령이 간과되면서 회심과 영적 체험이 사라진 이 나라의 중고등부 예배에서 아이들을 교회에 붙잡아 두기 위해 오락과 선물이 복음과 성령을 대치하는 상황이라면, 우리는 주저 없이 복음과 성령을 선택해야 합니다.

그래서 저는 이렇게 답변을 드렸습니다. "전도사님, 그대로 밀고 나가세요. 아이들에게 복음을 전하세요. 불평하고 비난하는 사람들보다 성령님을 더 두려워하고 의지하세요. 만약 전도사님이 복음을 전했기 때문에 중등부가 망한다면, 하나님은 존재하지 않는 것입니다. 우리가 전하는 복음과 그리스도교도 거짓임이 틀림없습니다. 하지만 저는 확신합니다. 주께서 전도사님을 이 교회에 보내신 이유가 학생들을 쫓아내고 교회를 해체하려는 것이 아니라, 중등부를 다시 살리려는 것이라고 말입니다. 흔들리지 마세요. 절대로 성령께서 가만히 계시지 않을 것입니다. 오직 성령만이, 오직 성령 안에서 선포되는 복음만이, 사람을 살리고 교회를 세울 수 있습니다. 우리는 오직 그 믿음에 근거해서, 그리고 바로 그 일을 위해서 부름을 받고 파송 받은 사람들입니다. 저도 기도로 돕겠습니다. 기죽지 말고 끝까지 밀고 나가세요." 그리고 우리는 함께 뜨겁게 기도했습니다. 전도사님이 담대히 성령 안에서 끝까지 복음 전도자로서 사명을 감당할 수 있도록 말입니다.

그 후 3일 동안 저는 학생들에게 최선을 다해 설교했습니다. 저 역시 중고생들에게 말씀을 전하는 것은 큰 모험이고 도전이었습니다. 매시간이 쉽지 않았습니다. 그럼에도, 첫째 날과 둘째 날은 무사히 집회를 마칠 수 있었습니다. 하지만 제가 가장 중요하게 생각하며 만반의 준비를 했던 마지막 날 집회가 정말 '폭망' 했습니다. 설교시간 동안, 대부분 학생이 고개를 숙이고 졸거나 딴짓을 했습니다. 마치 방수 처리된 우산에 빗물이 튕겨 나가듯, 저의 설교는 학생들에게 전달되지 못했습니다. 정말, '죽을 쑨 것' 입니다. 마지막 집회를 이런 식으로 끝내는 것도 제 사역 중 처음 있는 일이었습니다. 저는 감당할 수 없는 패배감 속에 예배당 뒷자리로 물러나서 고개를 숙이고 앉았습니다.

이어서 기도회가 시작되었습니다. 대다수 학생은 지겨움과 졸음으로 몸을 뒤틀며 고통스럽게 앉아 있었습니다. 이때, 마이크를 잡고 기도회를 인도하러 나온 사람이 바로 그 중등부 전도사님이었습니다. 그분은 차분히 저의 설교를 정리한 후, 그것에 근거해서 기도 제목을 제시했습니다. 결코, 소리를 지르거나 아이들의 감정을 유도하지 않았습니다. 너무나 차분하게 그러나 진지하게 성령의 임재를 구하며 기도회를 이끌었습니다. 저는 미안하고 수치스러워 바닥까지 고개를 숙인 채 주님께 도와달라고 간구했습니다. 제 설교는 형편없었지만, 부디 성령께서 저를 통해 전하신 말씀이 학생들의 심령에 전달되게 해달라고, 이렇게 침체한 분위기 속에서 기도회를 이끌어야 하는 저 연약한 전도사님에게 성령께서 힘을 주시라고, 이 밤에 그녀를 강력히 사용하셔서 학생들이 성령의 임재와 복음의 능력을 체험할 수 있도록 해달라고 기도하고 또 기도했습니다.

잠시 후, 놀라운 일이 벌어지기 시작했습니다. 그렇게 여리게 보였던 전도사님의 떨리는 목소리, 그분이 제시하는 분명한 기도 제목, 그리고 그렇게 인도되는 기도회 속에 성령이 임하신 것입니다. 지루해서 어쩔 줄 몰라 하던 아이들, 속히 집회가 끝나기만 학수고대하던 아이들, 졸려서 거의 비몽사몽이던 아이들이 하나둘씩 자세를 고쳐 앉고 기도에 동참하기 시작했습니다. 기도회를 인도하던 전도사님의 마이크 소리만 들리던 예배당이 학생들의 뜨겁고 간절한 절규로 가득 찼습니다. 여기저기서 아이들의 울음소리, 자신의 죄를 회개하고 성령의 임재를 간구하는 외침이 들려왔습니다. 그렇게 기도회는 한 시간이 넘게 이어졌습니다.

당시에 저도 교회 건물 이전 때문에 신앙적 고민이 깊었습니다. 그런데 이 기도회를 통해 마음의 부담과 고통이 사라지고, 하나님에 대한 신뢰를 회복할 수 있었습니다. 결국, 우리를 구원하고 변화시키는 것은 재미와 감동을 추구하는 예화와 수사학이 아니었습니다. 설교자의 언변이나 신학적 지식도 아니었습니다. 그날, 저의 무능함으로 엉망이 된 집회에서, 저는 경험이 부족하고 융통성 없는 여리고 연약한 한 사역자를 통해, 영적으로 죽은 공동체를 다시 일으켜 세우시는 성령과 복음의 능력을 확인할 수 있었습니다.

제4장 ■ 소망

    예수께서 승천하신 후, 제자들은 목자 잃은 양 떼가 되고 말았습니다. 자신을 대신할 보혜사 성령을 보내주시겠다고 말씀하셨지만, 그때가 언제인지 아무도 알 수 없었습니다. 갈 길을 알지 못한 채, 하나님의 말씀만 의지해서 고향을 떠나야 했던 아브라함의 가족들처럼 말입니다. 하루하루의 생존 자체가 불안했고, 미래는 여전히 불투명했습니다. 하지만 예수의 약속대로 성령이 오셨을 때, 제자들 개인과 공동체 전체는 근본적으로 변했습니다. 그 변화 중 주목해야 할 사항이 바로 '소망' 입니다. 지금의 불안과 미래의 근심이 지배하는 현실에서 제자들은 성령과 함께 새로운 꿈을 꾸기 시작했기 때문입니다. 그런 면에서 교회의 중요한 특징 중 하나가 '소망' 임에 틀림없습니다.

요엘서 2장 9절-10절

제자들의 방언 때문에 주위 사람들은 충격을 받았습니다. 그런 상황에서, 베드로는 청중을 향해, 하나님께서 예수를 그들의 주와 그리스도로 만드셨다고 선포했습니다. 그리고 요엘서 2장 28절~32절을 인용하여 자신의 주장을 정당화했습니다.

이 일은, 하나님께서 예언자 요엘을 시켜서 말씀하신 대로 된 것입니다. 하나님께서 말씀하셨다. 마지막 날에, 나는 내 영을 모든 사람에게 부어 주겠다. 아들과 딸들은 예언을 하고, 젊은 이들은 환상을 보고, 나이 든 사람들은 꿈을 꿀 것이다. 그 날에 나는 내 영을 내 남종과 여종에게 부어 주겠으니, 그들도 예언을 할 것이다. 또 나는 위로 하늘에서는 기이한 일을 나타내고, 아래로 땅에서는 표적을 나타낼 것이니, 그것은 곧 피와 불과 자욱한 연기다. 주의 크고 영화로운 날이 오기 전에, 해는 변해서 어둠이 되고, 달은 변해서 피가 될 것이다. 그러나 주의 이름을 부르는 사람은 구원을 얻을 것이다. 행2:16~21

베드로는 현재 발생한 현상, 즉 마가의 다락방에 모인 제자들 위에 성령이 강림한 사건을 요엘 선지자의 예언의 성취로 해석했습니다. "이 일은, 하나님께서 예언자 요엘을 시켜서 말씀하신 대로 된 것입니다."[16] 요엘에 따르면, 하나님께서 '마지막 날'에 모든 사람에게 하나님의 영, 즉 성령을 부어 주시겠다고 약속하셨습니다. 그리고 지금 마가의 다락방에 성령이 임하심으로써 그 약속이 실현된 것입니다. 이제부터, 이 성령의 역사는 이 땅의 모든 사람을 위해 땅끝까지 확장될 것입니다. 그렇다면, 성령이 임한 지금은 마지막 날, 즉 종말의 때임이 틀림없습니다.

그런데 이 설교와 관련해서 몇 가지 흥미로운 부분이 있습니다. 먼저, 베드로가 당시 벌어진 성령 사건을 설명하기 위해 인용한 성경이 요엘서라는 사실입니다. 구약성경에는 성령에 대한 언급이 여러 곳에 다양한 모습으로 나타납니다. 예를 들어, 창세기는 태초에 나타난 성령의 모습을 묘사합니다. "태초에 하나님이 천지를 창조하셨다. 땅이 혼돈하고 공허하며, 어둠이 깊음 위에 있고, 하나님의 영은 물 위에 움직이고 계셨다."창1:1-2 사무엘상은 하나님의 영이 임하자 예언자들과 함께 예언하는 사울을 소개합니다. "사울이 종과 함께 산에 이르자, 예언자의 무리가 그를 맞아 주었다. 그때 하나님의 영이 그에게 세차게 내리니, 사울이 그들과 함께, 춤추며 소리를 지르면서 예언을 하였다."삼상10:10 하지만 성령과 관련해서 가장 유명한 구절은 아마도 에스겔서의 장면일 것입니다. 에스겔은 주의 영에 이끌리어 뼈들이 가득한 골짜기에 도착했습니다. 그리고 그가 하나님의 명령에 따라 뼈들이 살아나리라고 선포하자, 사방에서 생기가 몰려왔고 죽은 뼈들이 살아나서 군대가 되었습니다. 이것은 나라가 멸망하여 바벨론에 포로로 끌려온 이스라엘 백성이 하나님에 의해 고국으로 다시 돌아갈 것을 보여준 예언입니다. 그러면서 에스겔은 이렇게 말합니다.

> 내가 내 영을 너희 속에 두어서 너희가 살 수 있게 하고, 너희를 너희의 땅에 데려다가 놓겠으니, 그때에야 비로소 너희는, 나 주가 말하고 그대로 이룬 줄을 알 것이다. 나 주의 말이다.
>
> 겔37:14

그렇다면, 베드로는 왜 이렇게 유명한 구절들 대신 요엘서를 자신의 본문으로 선택했을까요? 물론, 저는 그 이유를 정확히 모릅니다. 하지만 당시 교회가 처한 상황과 요엘서의 내용을 고려할 때, 우리는 교회의 본질과 관련해서 중요한 사실을 발견할 수 있습니다. 무엇보다, 요엘서에서 성령의 임재를 통해 나타난 결과들은 현재 우리가 성령 운동에서 흔히 발견하는 방언, 축귀, 입신, 신유가 아닙니다. 대신, 요엘이 주목한 것은 예언과 환상과 꿈입니다.

> 하나님께서 말씀하셨다. 마지막 날에, 나는 내 영을 모든 사람

에게 부어 주겠다. 아들과 딸들은 예언을 하고, 젊은이들은 환
상을 보고, 나이 든 사람들은 꿈을 꿀 것이다.2:17

특히, 모든 희망을 상실하고 무의미·무기력하게 남은 시간을
소비하는 듯한 노인들이 성령 안에서 꿈을 꾸는 순간, 그들에게도 내
일에 대한 소망이 주어지는 순간, 절망적인 현실은 순식간에 가슴 뛰
는 축제의 시간으로 역전됩니다. 하나님의 영으로, 그분의 생기로 발
생한 변화는 그야말로 마른 뼈들이 살아나서 하나님의 강력한 군대
로 일어서는 것과 같습니다. 이것은 절망 속에 숨죽이고 살던 이스라
엘 백성이 하나님의 개입으로 이집트 제국을 상대로 성취했던 출애
굽의 역사가 다시 한번 반복되는 것이 아닐까요?

예언, 환상, 꿈

예언, 환상, 꿈. 이것은 요엘의 예언처럼, 말세에 발생한 성령 임
재의 결과입니다. 동시에, 이것은 방언을 통해 복음이 선포된 현장
에서, 충격과 공포에 빠진 대중을 위해 선택된 구약 본문의 핵심적
인 내용입니다. 이 맥락에서 제가 주목하는 부분은 "도대체 왜 베드
로는 이 중요한 상황에서 이 구절을 선택했을까?" 하는 것입니다. 예
언, 환상, 꿈이 왜 중요하며, 이것이 교회의 본질과 관련해서 어떤 의

미가 있는 것일까요?

무엇보다, 우리는 이 세 가지 현상의 공통점에 주목해야 할 것입니다. 그렇다면, 그 공통점은 무엇일까요? 물론, 다양한 답변과 해석을 할 수 있을 것입니다. 하지만 제가 주목하는 공통점은 바로 '미래' future입니다. 요엘에 따르면, 말세에 성령이 만민에게 부어지면, 아들과 딸들이 예언을 합니다. 청년들이 환상을 보고, 노인들은 꿈을 꿉니다. 이때, 예언, 환상, 꿈은 기본적으로 장차 벌어질 일을 지금 경험하는 사건입니다. 예언 자체가 미래에 벌어질 일을 미리 아는 것입니다. 하지만 여기서 말하는 청년의 환상과 노인의 꿈은 황홀경이나 잠든 상태에서 발생하는 일종의 종교적 가상현실VR이 아닙니다. 정직하고 냉철한 현실인식을 바탕으로 새로운 미래를 기대하고 예측하는 것입니다. 이처럼, 예언과 환상, 꿈의 공통된 속성은 미래입니다.

동시에, 이렇게 분명한 현실인식에 근거해서 예언하고 환상을 보고 꿈을 꾸는 것은 불행한 현실, 부정적인 오늘, 그리고 절망적인 현재에서 무기력하게 삶을 포기하고 소모하는 대신, 새로운 희망, 포기할 수 없는 가능성, 창조와 생명의 빛으로 다시 도약할 힘을 획득하는 경이로운 은혜입니다.

요엘서는 두 가지 재난을 언급합니다. 하나는 메뚜기의 재앙으로 전 국민이 극심한 빈곤에 시달리는 것입니다. 다른 하나는 북방의 메뚜기 떼로 묘사되는 북방제국의 침입으로 국가가 초토화되고 백성은 노예로 끌려가는 것입니다. 전자가 후자의 유비적 표현일 수 있고, 양자 모두를 실제 역사에서 발생한 일로 해석할 수도 있습니다. 아무튼, 자연적 재난과 민족적 수난으로 이스라엘 전체가 절체절명의 위기에 처했습니다. 사방에서 비통한 탄식과 절망의 통곡이 들려오고, 죽음의 그림자가 국토 전체에 드리웠습니다. 어디를 보아도 생명의 기운은 감지할 수 없었고, 희망의 실마리도 찾을 수 없었습니다. 무조건 참고 기다리면 극적인 반전의 시간이 도래할 것이라는 정치적 분석이나 역사적 전망도 들을 수 없었습니다. 이런 상황에서, 요엘에게 성령이 임했습니다. 그리고 성령을 통해 이스라엘에게 선포된 말씀이 바로 예언, 환상, 꿈이었습니다.

> 마지막 날에, 나는 내 영을 모든 사람에게 부어 주겠다. 아들
> 과 딸들은 예언을 하고, 젊은이들은 환상을 보고, 나이 든 사
> 람들은 꿈을 꿀 것이다.2:17

비극적·절망적 현실의 한복판에서, 남녀노소를 불문하고 온 이스라엘 백성이 새로운 미래를 예측하며, 흑암에서 광명을, 죽음에서 생명을, 혼돈에서 질서를 꿈꾸고 희망할 수 있게 된다는 것입니다. 이것은 새로운 창조요, 진정한 구원이며, 완전한 변화입니다. 단순한 미래가 아니라, 창조와 구원의 미래입니다. 재난으로 절망한 이스

라엘의 자체 능력만으로 재기와 회복은 불가능합니다. 하지만 하나님이 함께하시면 상황은 달라집니다. 그의 영이 청년들에게 임할 때, 그래서 그들이 절망 속에서 미래를 꿈꾸기 시작할 때 '판'은 뒤집힙니다. 노인들이 꿈을 꾸기 시작할 때, 제한된 물리적 시간은 성령 안에서 거룩한 영원으로 확장됩니다. 그야말로, 천지개벽입니다.

종말이냐 창조냐?

이처럼, 요엘의 예언을 검토해 보면, 우리는 베드로가 성령의 임재와 사역을 서술하는 구약의 다른 본문들 대신 요엘서를 선택한 이유를 조금은 이해할 수 있을 것 같습니다. 요엘의 예언이 갖는 역사적 · 목회적 의미를 파악하기 위해서는, 당시 예언이 행해진 이스라엘의 상황을 검토해야 하는 것처럼, 베드로가 자신의 설교 본문으로 요엘서를 선택한 이유를 이해하기 위해서도 우리는 당시 제자들의 상황을 살펴봐야 합니다.

먼저, 제자들의 상황에 대해 생각해 봅시다. 갈릴리 어부였던 제자들은 예수를 만나 인생의 새로운 꿈을 꾸기 시작했습니다. 그 꿈을 위해 직업, 가족, 고향마저 버렸습니다. 당연히 주변 사람들의 온갖 비난과 조롱을 받았겠지요. 종교에 미쳐 가정마저 내팽개친 광신자라고 말입니다. 그럼에도 예수가 심어준 하나님 나라에 대한 꿈,

새로운 미래에 대한 소망 속에, 그런 비난과 수모, 현실적 불편과 고생을 기꺼이 감수했습니다. 하지만 예수의 죽음으로 모든 것이 물거품이 되고 말았습니다. 화려했던 무대의 조명이 꺼진 순간 칠흑 같은 어둠과 적막이 밀려오듯, 예수의 죽음 이후 제자들의 삶은 절대적인 암흑에 휩싸이고 말았습니다. 거대한 인파로 가득한 놀이공원에서 순간적으로 엄마를 잃어버린 아이처럼, 제자들은 순식간에 혼돈과 공포에 사로잡힌 것입니다. 실망은 절망으로, 절망은 다시 죽음으로 빠르게 진화하면서 말입니다.

그렇다면, 예수 공동체는 어떤 처지에 있었을까요? 지난 3년간 스승 예수께서 이 공동체를 이끄셨습니다. 예수는 제자들에게 필요한 모든 것을 제공하셨습니다. 그들에게 율법과 선지자들의 말씀을 가르치셨습니다. 한 번도 들어보지 못한 놀랍고 새롭고 권위 있는 말씀이었습니다. 예수는 당시 지배 권력과 종교 세력의 부패와 타락을 통렬하게 비판하며, 하나님 나라의 도래를 담대히 선포하셨습니다. 그런 가르침과 활동에 대해, 사두개인, 바리새인, 서기관 등이 달려와서 논쟁하며 시비를 걸었지만, 예수는 경이로운 지혜와 촌철살인의 언어로 그들을 부끄럽게 만드셨습니다. 허기질 때는 오병이어의 기적으로 먹이셨고, 바다 위에서 폭풍우를 만났을 때는 물 위를 달려와 구하셨으며, 질병으로 고통당할 때는 죽음의 무턱에서 살리셨습니다. 그래서 돈과 집이 없고, 안정된 직업과 삶도 포기했지만, 심지어 식민지 백성이라는 정치적 올무조차 그대로였지만, 제자들은 타락하고 부패한 세상 한복판에서 하나님 나라의 도래를 앙망했고, 때때로 그 나라의 현존을 체험할 수 있었습니다.

하지만 세상의 모든 악이 결탁하여 예수에게 저항하기 시작했습니다. 그런데 놀랍게도 예수는 그런 공격에 아무런 저항이나 변명도 없이 허망하게 목숨을 잃었습니다. 그 결과, 예수의 공동체는 불법 단체로 전락했고, 제자들은 각자의 목숨을 지키기 위해 사방으로 흩어졌습니다. 그야말로 완전히 망한 것입니다. 정말, 다 끝났습니다

이런 상황에서 예수께서 부활하시고 직접 제자들을 찾아오셨습니다. 그들을 배반의 상처에서 치유하시고, 잃어버린 사명도 회복하셨습니다. 그리고 자신의 승천 후, 보혜사 성령을 보내주시겠다고 약속하셨습니다. 제자들이 그 약속을 신뢰하고 기다렸을 때, 약속대로 성령께서 임하셨습니다. 불의 혀처럼 말입니다. 성령으로 충만한 제자들의 입술을 통해 복음이 선포되었고, 복음 앞에서 세상이 반응하기 시작했습니다. 이런 과정을 통해 제자들도 다시 살아났습니다. 세상의 권세가 휘두르는 폭력 앞에서 무서워 떨던 제자들, 그래서 결정적인 순간에 스승을 배반하고 도주했던 제자들, 순식간에 모든 꿈과 희망을 포기하고 고향으로 돌아갔던 제자들이 예수의 부활과 성령의 임재를 경험한 후 다시 살아난 것입니다. 예수에 대한 사랑과 믿음, 도래할 하나님 나라에 대한 소망, 이 모든 변화와 기적을 가능

하게 하실 성령과의 동행을 다시 추구하면서 말입니다.

이런 극적인 반전을 경험하면서, 베드로와 제자들은 이 신비한 현실이 바로 요엘의 예언과 일치함을 깨달았습니다. 지금 자신들에게 임한 성령, 그리고 장차 자신들을 통해 전 세계로 확장될 성령의 역사가 바로 요엘을 통해 예언된 하나님 약속의 명백한 성취임이 틀림없다고 확신하면서 말입니다. 이제부터 제자들, 이 땅의 하나님 백성은 남녀노소를 불문하고 예언하고 환상을 보고 꿈을 꿀 것입니다. 더는 메뚜기 떼의 공격 같은 경제적 손실이나, 북방제국의 침략 같은 정치적 위협이 찾아와도 절망과 좌절, 허무와 패배감 속에 시체나 노예 같은 삶을 반복하지 않을 것입니다. 이제 우리의 자녀들은 하나님에 의한 새로운 삶을 기대하고, 청년들은 예수와 함께 부활할 새 생명의 환상을 바라보며, 노인은 성령 안에서 다시 시작될 새로운 미래를 꿈꿀 것입니다.

당시의 사람들은 예수 운동이 실패했다고 생각했겠지요. 예수 때문에 자신들의 기득권이 위협받을까 두려워했던 유대 종교지도자들, 예수 때문에 정치적 반란이 일어날까 노심초사했던 빌라도 총독과 로마 군대, 그리고 예수의 처형을 강력히 요청했던 이스라엘 군중은 예수의 죽음으로 모든 소동이 끝났으며, 그래서 이제는 다리 뻗고 잘 수 있게 되었다고 마음을 놓았겠지요. 반면, 같은 시간, 지도자를 잃고 흩어진 제자들은 극단적인 좌절 속에 넋이 나갔을 것입니다. 모든 것을 잃었다고, 완전히 망했다고, 그래서 모든 것이 끝났다고 결론을 내리면서 말입니다.

바로 그 순간, 대반전이 일어났습니다. 다 끝났다고 다 죽었다고 모두가 생각했던 바로 그 순간, 그래서 모두가 예수 공동체를 향해 사망 선고를 내렸던 바로 그 순간, 이 공동체 안에 새로운 시간, 새로운 시작, 새로운 미래가 탄생했습니다. 모든 것이 허망한 과거로 잊힐 것 같았던 완전한 죽음의 순간, 하나님의 영에 의해 제자들 안에서 제자들을 통해 새 생명을 품은 새로운 미래가 시작되었습니다. 이처럼, 세상이 예수 공동체의 사망을 선고한 그 날, 장차 교회사에서 교회의 탄생, 교회사의 시작으로 기억되는 대역전이 일어났습니다. 하나님의 위대한 창조, 거룩한 역전입니다.

스타벅스에 임하신 성령

10여 년 전, 주사랑교회 개척 초창기에 함께 신앙생활 했던 청년이 있었습니다. 매우 총명하고 성실했으며 인정이 많은 사람이었습니다. 신학적 고민도 진지했고 신앙이 뜨거웠기 때문에 새벽기도를 포함한 모든 모임에 빠지지 않았습니다. 경제적인 형편이 어려웠지만 최선을 다해 헌금도 드렸습니다. 교회 홈페이지와 예배당 음향시설과 도서를 관리했고 주일학교까지 맡아 섬겼습니다. 정말, '착하고 충성된 하나님의 사람'이었습니다. 덕택에, 쉽지 않은 상황이었지만, 저는 즐겁게 목회할 수 있었습니다.

그러던 어느 날, 저와 그 청년 사이에 처음으로 의견 충돌이 있었고, 그 청년은 1년 후 교회를 떠났습니다. 그가 떠나자, 그동안 그와 가까웠던 교우들도 하나둘 모습을 감추었습니다. 그 결과, 교회개척 3년 만에 교인 수가 우리 가족을 포함해서 10여 명으로 줄었습니다. 교회개척 3년이면 최소한 100명은 모일 것이라 기대했는데, 100명은 고사하고 그것의 1/10도 안 남은 것입니다. 자존심이 상하고 기운이 빠졌습니다. 그럼에도 저는 아무 일도 없었다는 듯이 목회를 계속했습니다.

얼마나 지났을까요? 그해 성탄절 전날, 저는 카페에서 설교를 준비하고 있었습니다. 성경 본문을 읽기 시작했으나, 한 시간이 넘도록 말씀에 집중할 수 없었습니다. 말씀을 읽다 엉뚱한 생각에 빠져 허공을 쳐다보길 반복했습니다. 눈으로는 성경을 읽고 있었지만, 머릿속은 온통 교회를 떠난 그 청년과 교우들 생각뿐이었습니다. 마침내 저는 머리를 세차게 흔들며 정신을 가다듬었습니다. "헐. 너희들이 떠났다고 내가 눈 하나 깜짝할 줄 아느냐? 웃기지 마라. 이 정도에 흔들릴 내가 아니다. 우리 교회는 끄떡없다." 저는 마음을 가다듬고 서둘러 설교 준비를 마무리했습니다.

다시 몇 주가 지났습니다. 토요일 저녁, 식사를 마치고 주일 설교를 준비하기 시작했습니다. 그런데 얼마 지나지 않아, 제 안에 분노가 치밀어 오르기 시작했습니다. 교회를 떠난 사람들의 얼굴이 하나씩 떠오르면서, 그들에 대한 서운함과 분노가 뒤범벅되어 가슴이 요동쳤습니다. 잠시 후엔 저 자신이 한없이 초라하고 혐오스러웠습니다. "혼자 기고만장하여 잘난 척하더니, 이게 뭐란 말인가. 목회 3년 만에 초라한 지하 예배당에 교인 10명이라니. 이 한심한 인간아!" 이어서 하나님을 향한 원망과 분노가 폭발했습니다. "하나님, 어떻게 저에게 이러실 수 있습니까? 왜 신학교에 멀쩡히 잘 있는 사람을 흔들어 교회를 개척하게 하시더니, 겨우 이런 결과를 주십니까? 바쁜 와중에도 목회하겠다고 몸부림쳤는데, 대형교회는 고사하고 이 초라한 현실이 뭡니까? 하나님, 너무 하십니다. 도대체 제가 무슨 잘못을 했단 말입니까? 제게 이러시면 안 됩니다." 저는 읽던 성경을 집어 던졌습니다. 그리고 죄 없는 아내를 향해, "나 목회 안 해! 내일 교회에 사표 내고 그만둘 거야!"라고 악을 썼습니다. 그리고 방에 들어가 이불을 뒤집어쓰고 잠을 청했습니다. 하지만 잠이 오지 않았습니다. 분노와 원망, 좌절감에서 벗어날 수 없었기 때문입니다.

결국, 꼬박 밤을 새운 후, 저는 천근 같은 몸, 회로가 마비된 듯한 머리를 일으켜 세우고 집 밖으로 나왔습니다. 분노 속에 설교 준비를 중단한 것이 생각났기 때문입니다. 아무리 목회를 그만두더라도, 아무것도 모른 채 예배당에 나올 교우들에게 마지막 설교는 해야 했으니까요. 저는 성경을 들고 제가 사는 아파트 주위를 돌기 시작했습니다. 전에도 종종 설교 준비에 집중하기 어려우면 사용했던 방법입니다. 마치 여리고 성을 정복하기 위해 그 주위를 돌았던 이스라엘 백성처럼 말이지요.

그런데 그날이 1월 초였기에 매우 추웠습니다. 두 바퀴 정도 돌았을 때, 너무 추워서 더 돌 엄두가 나지 않았습니다. 춥다는 생각 때문에 말씀에 집중할 수 없으니, 계속 도는 것이 무의미하다는 생각이 들었습니다. 그때, 아파트 건너편에 있는 스타벅스에 불이 켜지는 것이 보였습니다. 저는 달려가서 뜨겁고 진한 커피 한잔을 주문했습니다. 마음이 혼란스럽고 머리는 너무 무거운 상태에서, 저는 커피를 마시며 성경을 뒤적였습니다. 하지만 성경이 눈에 들어올 리가 없었지요. 한참을 그렇게 생각 없이 성경을 넘기는데, 한 문장이 제 눈에 꽂혔습니다. '○○가 교회를 나갔으나.' 저는 깜짝 놀라 눈을 비비고 말씀을 다시 읽었습니다. "나의 종 모세가 죽었으니."수 1:1이었습니다. 제가 잘못 읽은 것입니다. 저는 호기심에 정신을 가다듬고 여호수아 1장을 천천히 읽기 시작했습니다.

나의 종 모세가 죽었으니, 이제 너는 이스라엘 자손 곧 모든 백성과 함께 일어나, 요단강을 건너서, 내가 그들에게 주는 땅으로 가거라.1-2

모세의 죽음으로 여호수아는 모세의 유업을 완수해야 하는 막중한 사명을 물려받았습니다. 그는 평생을 모세의 부하로 살았기에, 지도자의 경험이 거의 없었습니다. 그럼에도, 여호수아는 모세 같은 위대한 지도자에게 끊임없이 대들던 민족을 이끌고, 모세도 이루지 못한 사명, 즉 요단강을 건너 가나안을 정복해야 했던 것입니다. 이때, 여호수아의 심정이 어땠을까요? 아마도 당시의 저와 같이, 지극한 두려움에 휩싸였을 것입니다. 경험과 권위가 전혀 없었던 여호수아는 모세도 감당하기 어려웠던 사람들, 그리고 모세도 이루지 못했던 과업 앞에서 근심과 두려움으로 전율했을 것입니다. 자연스럽고 당연한 반응입니다. 이때, 하나님께서 여호수아에게 말씀하셨습니다.

네가 사는 날 동안 아무도 너의 앞길을 가로막지 못할 것이다. 내가 모세와 함께 하였던 것과 같이 너와 함께 하며, 너를 떠나지 아니하며, 버리지 아니하겠다. 굳세고 용감하여라. 내가 이 백성의 조상에게 주기로 맹세한 땅을, 이 백성에게 유산으로 물려줄 사람이 바로 너다…. 내가 너에게 굳세고 용감하라고 명하지 않았느냐! 너는 두려워하거나 낙담하지 말아라. 네가 어디로 가든지, 너의 주, 나 하나님이 함께 있겠다.5-6. 9

하나님께서 두려워하는 여호수아에게 약속의 말씀을 반복해서 주신 것입니다. 평생 그와 함께하실 것이고 모든 적으로부터 지켜주실 것이며 약속한 땅을 주시겠다고 말입니다. 모세의 하나님이 이제 여호수아의 하나님이 되어주실 것이니, 두려워하지 말고 담대하라고 말입니다.

어느 순간부터일까요? 이 말씀이 저에게 하시는 하나님의 말씀으로 들리기 시작했습니다. "덕만아, 놀라지 말라. 두려워하지 말라. 내가 너와 함께 있을 것이다. 내가 주사랑교회를 지킬 것이다. 담대하라. 용감하라." 마치 하나님께서 거대한 스피커를 통해 제 귀에 대고 가장 크고 분명한 목소리로 말씀하시는 것 같았습니다. 제 눈에서 눈물이 쏟아지기 시작했습니다. 온몸이 부들부들 떨려왔습니다. 눈물이 쏟아지는 눈으로 저는 계속 말씀을 읽었습니다.

오직 너는 크게 용기를 내어, 나의 종 모세가 너에게 지시한 모든 율법을 다 지키고, 오른쪽으로나 왼쪽으로 치우치지 않도록 하여라. 그러면 네가 어디를 가든지 성공할 것이다. 이 율법책의 말씀을 늘 읽고 밤낮으로 그것을 공부하여, 이 율법책에 적힌 대로, 모든 것을 성심껏 실천하여라. 그리하면 네가 가는 길이 순조로울 것이며, 네가 성공할 것이다.7~8

이 구절을 읽으면서, 제 가슴은 터질 것 같았습니다. 그동안 제가 하나님이 아니라 사람을 의지했다는 사실을 깨달았습니다. 겉으로는 하나님을 위해, 하나님 때문에, 하나님의 은혜로 목회한다고 쉬지 않고 떠들었지만, 사실은 교회를 떠난 청년을 포함해서 교인들을 의지하며 목회했던 것입니다. 그러니 청년이 떠나자, 마치 목회의 생명이 끝난 것처럼 근심걱정에 휩싸여 낙담하고 넋을 잃었던 것입니다. 겉으로는 태연하고 당당한 척했지만, 원점으로 돌아간 목회 앞에서 두려웠고 낙망했던 것입니다. 완전히 길을 잃고 의욕을 잃은 채 처참하게 무너졌던 것입니다.

하지만 이날 아침, 하나님께서 망연자실한 여호수아를 찾아가셨듯이, 저를 찾아오셔서 말씀의 죽비로 저의 잠든 영혼을 깨우셨습니다. 주사랑교회의 주체가, 목사인 저나 떠난 교인들이 아니라, 하나님이심을 다시 한번 깨닫게 하셨습니다. 이 교회의 운명도 저의 학벌이나 교인들의 수와 헌금에 달린 것이 아니라, 오직 하나님이 우리와 함께하시느냐에 따라 결정되는 것임을 깨닫게 하셨습니다. 무엇보다, 이렇게 어려운 현실에서 약한 믿음과 깊은 근심에 휩싸인 우리가 해야 할 일은, 하나님의 말씀을 단단히 붙잡고 그 말씀에 순종하는 것임을 알려주셨습니다.

저는 이 말씀에 사로잡혀 한참 동안 울었습니다. 얼굴은 눈물과 콧물로 범벅이 되었고, 입에서는 "주님, 감사합니다. 이제부터 오직 주님만 바라보겠나이다. 남은 교우들과 다시 시작하겠습니다. 그리고 다시는 목회를 그만두겠다고 함부로 말하지 않겠습니다."라는 기도를 수없이 반복했습니다. 그 시간, 스타벅스 매장 안에 저와 함께 있으면서 이 광경을 모조리 지켜본 알바생 자매가 얼마나 놀랐을까요? 아무튼, 저는 목회를 포기할 수밖에 없었던 절체절명의 위기상황에서 여호수아서의 말씀을 통해 주님의 임재를 경험했고, 다시 목회할 힘을 얻었습니다. 인간적인 차원에서 모든 희망을 잃고 절망의 나락으로 추락했던 순간, 하나님은 태초에 흑암을 빛으로, 혼돈을 질서로, 죽음을 생명으로 역전시키셨던 것처럼, 저와 주사랑교회를 다시 살리셨습니다. 할렐루야!

제5장 ■ 공동체

　예수의 제자들은 성령강림을 통해 복음의 실체를 깨달았습니다. 그뿐만 아니라, 예수의 약속처럼 성령에 붙들린 제자들은 죽음의 위협을 무릅쓰고 예수에 대해 담대하고 정확하게 증거했습니다. 이들이 선포한 복음과 단호한 결단의 촉구를 통해, 수천 명의 사람이 자신들의 죄를 깨닫고 회개했으며 세례도 받았습니다. 그 결과, 예루살렘 교회의 성도 수가 급증했습니다. 교회의 영적 동력도 크게 강화되었습니다. 더는 예수 공동체가 하루하루 세상의 눈을 피해 숨어 사는 비밀결사체가 아니었습니다. 이들은 성령의 강력한 임재, 예수에 대한 온전한 이해와 믿음, 증인의 사명과 권능, 성령의 역사와 죄인들의 반응을 직접 목격하고 체험하면서 진정한 교회로 성장했습니다. 그렇다면 성령체험 이후, 교회 안에서는 어떤 일이 벌어졌을까요?

사도들의 가르침을 받는 일에 힘쓰다

그들은 사도들의 가르침에 몰두하며 행2:42

사도들의 가르침은 무엇이었을까요? 성경은 이 부분에 대해 명확한 진술이나 설명을 남기지 않았습니다. 하지만 전후 문맥을 고려할 때, 최소한 세 가지 정도는 추측할 수 있을 것 같습니다.

먼저, 사도들은 예수가 주와 그리스도라는 복음의 핵심을 강하고 분명하게 가르쳤을 것입니다. 사도들은 자신들이 오순절에 성령의 임재를 통해 비로소 깨달았던 예수의 실체를 사람들이 교회에 모일 때마다 반복해서 선포하고 설명했을 것입니다. 교회가 정기적으로 모였던 이유는 바로 이 복음을 듣고 그 의미를 이해하기 위함이었습니다. 세상 어디에서도 들을 수 없었고, 세상의 어떤 사람들도 알려주지 않았던 메시지였기 때문입니다. 아직 누구도 이해하지 못했고, 세상 사람 대부분이 듣지 못한 메시지였기 때문입니다. 사도들이 얼마나 신학적으로 정교하고 탁월하게 복음을 설명했는지 알 수 없습니다. 하지만 예수를 직접 모셨고, 성령을 통해 진리를 깨달은 사도들은 세상의 그 어떤 신학자보다 정확하게, 세상의 그 어떤 설교자보다 강력하게, 예수가 주와 그리스도라고 전했을 것입니다.

이어서 사도들은 자신들이 직접 듣고 목격했던 나사렛 예수에 대해서도 많은 이야기를 들려주었을 것입니다. 그들은 세상에서 예수와 가장 오랫동안 동거하며 말씀을 배운 사람들입니다. 그들은 예수의 활동을 직접 목격했고, 그분의 말씀도 직접 들었습니다. 그래서 사도들은 예수에 대한 가장 많은 기억과 정보를 갖고 있었습니다. 반면, 오순절 이후에 교회에 참여한 사람들은 대부분 예수를 직접 만나거나 배운 적이 없습니다. 심지어, 아직 복음서가 저술되지 않은 상황에서, 새로운 신자들이 교회에서 예수에 대해 듣고 배울 유일한 기회는 사도들이 예수에 대한 자신들의 기억을 이야기해 줄 때였습니다. 바로 이 이야기를 듣기 위해 사람들은 교회에 모였고, 사도들은 그들에게 자신들의 이야기를 들려주었습니다. 그들이 갈릴리에서 예수를 만나서 소명을 받던 기억, 3년 동안 예수와 동행하며 직접 들었던 예지와 통찰로 가득 찼던 말씀, 그리고 3년 동안 예수와 동행하며 직접 곁에서 목격했던 예수의 경이로운 기사와 이적에 대해 생생하게 간증했을 것입니다. 이것이야말로 사도들이 소유했던 특권이었습니다. 동시에, 그들만이 할 수 있는 역할이자 그들이 반드시 수행해야 할 막중한 사명이었습니다.

그뿐 아니라, 그들은 구약성경에서 예수에 대해 예언하고 설명하고 있는 구절들을 상세히 설명해주었을 것입니다. 메시아로서 예수의 출현은 예상 밖의 돌발 상황이 아니라, 태초부터 예정되었고 선지자들을 통해 예언되었던 하나님의 섭리요 계획이었음을, 율법과 선지서를 풀어주며 가르쳤음이 틀림없습니다. 대부분 유대인에게 예수는 단지 급진적인 랍비에 불과했습니다. 게다가 더 많은 수의 이방인들은 예수를 무모하고 황당한 사이비 철학자로 깎아내렸습니다. 하지만 예수의 말씀을 직접 들었고, 이제 성령을 통해 분명히 깨달은 제자들에게 예수는 율법과 선지서를 통해 반복적으로 예언되었던 메시아였습니다. 성경 곳곳에서, 아니 성경 전체가 예수를 가리키고 있음을 발견했기에, 사도들은 더는 침묵하거나 망설일 수 없었습니다. 그래서 그들은 성경이 말하는 예수의 비밀을 교회에서 확신 속에 가르쳤던 것입니다. 베드로가 메시아로서 예수의 정체를 요엘서에 근거하여 설명했던 것처럼 말입니다.

서로 사귀다

서로 사귀는 일과행2: 42

사귐코이노니아은 초대교회의 대표적인 특징이었습니다. 성령 안에서 다양한 방언으로 같은 메시지가 선포된 것은, 바벨탑 건설 중에 인간의 언어가 달라지면서 발생한 분열과 갈등이 하나님의 은혜로 회복된 사건입니다. 육신의 정욕에 지배될 때, 인간은 하나님과 분리될 뿐 아니라, 피를 나눈 가족, 사랑으로 하나 된 부부, 심지어 같은 종교의 신자와 이념적 동지들까지도 순식간에 결별하고 해체됩니다. 아담과 이브의 가족에 대한 창세기 기록은 이런 현실에 대한 성서적 증언이며, 인류 역사는 이런 현실에 대한 사실적 기록입니다.

하지만 성령으로 충만해지는 순간, 예수 그리스도와 연합하는 순간, 그래서 성부 하나님께 신령과 진정으로 예배하는 순간, 이런 분열의 선은 지워지고 갈등의 벽도 허물어집니다. 타락 이후, 인간이 생산한 온갖 종류의 분열과 분리, 갈등과 차별, 혐오와 배제가 성령의 은혜와 복음의 능력으로 제자들 안에서 교정되고 해체되고 극복되기 시작했습니다. 고질적이고 만성적인 분열과 갈등이 하나님의 손에 잡힌 용서와 관용, 포용과 환대의 메스로 제거된 것입니다.

누구든지 그리스도와 연합하여 세례를 받은 사람은, 그리스도로 옷을 입은 사람입니다. 유대 사람이나 그리스 사람이나, 종이나 자유인이나, 남자나 여자나 차별이 없습니다. 그것은 여러분이 그리스도 예수 안에서 다 하나이기 때문입니다.갈3:27-8

예수는 간음한 여인을 용서하고, 세리와 함께 식사하고, 나병 환자를 치료하고, 사마리아 여인과 대화하고, 제자들의 발을 씻겨주며, 자신을 죽이려는 원수들을 위해 기도하셨지요. 이제, 성령 공동체도 예수를 알고 예수에 대해 증언하며 예수처럼 살기 시작했습니다. 그렇게, 그들은 사귐, 교제, 환대의 공동체로 변모한 것입니다.

함께 음식을 먹다

함께 음식을 먹는 일과 행2:42

음식을 함께 먹는 것은 매우 중요합니다. 무엇보다, 음식은 '생명'과 '삶'을 상징합니다. 아브라함의 집을 떠난 후 광야에서 갈증으로 생사의 갈림길에 선 하갈과 이스마엘, 주변 부족의 부당한 간섭과 방해 속에도 끊임없이 우물을 새로 판 이삭, 출애굽 후 광야에서 갈증과 허기로 모세와 하나님을 원망한 이스라엘 백성, 마지막 남은 밀가루와 기름으로 빵을 만들어 엘리야를 대접한 사르밧 과부, 예수의 금식이 끝나자 득달같이 달려와 음식으로 예수를 유혹한 마귀. 늦게까지 말씀을 들은 후 허기진 군중들을 위해 오병이어로 넉넉히 먹이신 예수. 이 모든 이야기는 생존과 음식의 필연적 관계를 보여주는 성경의 일화들입니다. 인간은 식사 때가 조금만 지나도 심하게 허기와 갈증을 느끼고, 특정 영양분이 조금만 결핍돼도 병이 들어 쓰러지며, 일정 기간 음식이 제공되지 않으면 예외 없이 목숨을 잃습니다. 그러므로 음식은 곧 생명이고 삶입니다.

또한, 음식은 대다수 민중에게 치욕스러운 생존의 도구입니다.

로마의 식민지였던 이스라엘은 제국의 일차적인 수탈 대상이었습니다. 제국의 왕실과 귀족들은 조세징수 대행업자들을 통해 식민지에서 무자비하게 징수된 세금으로 사치와 향락을 만끽했습니다. 이런 먹이사슬의 밑바닥에 식민지 민중이 존재했습니다. 예수의 포도원 비유에 등장하는 노동자들, 특히, 인력시장에서 선택받지 못해 하루 식비조차 벌 수 없었던 "레미제라블"Les Misérables, "비참한 사람들", 심지어 호의를 베푼 주인에게 부당하다며 집단으로 항의하는 동료 노동자들에게 버림받은 '민중 중의 민중.' 그들에게 빵과 포도주로 대표되는 음식은 자신들의 비참한 현실을 가장 고통스럽고 적나라하게 드러내는 "눈물 젖은 빵"입니다.

그뿐 아니라, 음식은 이 땅에서 무력과 권세로 약자를 억누르고 강탈하며, 그런 부당한 현실을 승자독식, 적자생존, 약육강식의 이념으로 정당화하는 '야만적 세상'의 실체이기도 합니다. 인류의 역사는 곧 빵과 물을 확보하기 위한 생존경쟁과 약탈 전쟁의 기록이기도 합니다. 그 경쟁과 전쟁에서 패한 사람들은 이긴 자들의 안정되고 풍요로운 식탁을 책임지기 위해 혹독한 노동에 시달리고, 이긴 자들은 패한 자들의 피눈물로 차려진 식탁에서 승자의 영광을 누립니다. 이런 맥락에서, 오븐에서 막 구워진 빵과 숙성된 포도주는 뒤틀린 세상의 고통스러운 상징입니다.

이처럼, 인간은 음식 없이 살 수 없습니다. 그래서 목숨을 걸고 수고하여 빵과 물을 획득합니다. 그 과정에서 수치와 모욕을 감수하고, 때로는 목숨마저 잃습니다. 타인과 끊임없이 경쟁해야 하며, 짐 승처럼 양심과 도덕마저 포기해야 합니다. 자신의 비열한 행동을 교활하게 정당화해야 합니다. 그럼에도, 그렇게 확보해서 먹고 마신 빵과 물은 얼마 지나지 않아 모두 소화되어 사라집니다. 그래서 이 참담한 과정은 무한하게 반복됩니다. 어쩌면 불교에서 말하는 연기설 윤회의 사슬은 사후에 벌어지는 인류의 운명을 말하기보다, 우리가 매일 반복하는 저주스러운 일상에 대한 불교식 표현인지 모르겠습니다.

그런데 예수께서 아담의 타락 이후로 인류가 결코 벗어날 수 없었던 참담한 저주의 사슬을 끊으셨습니다. 예수는 자기를 먹고 마시는 자마다 다시는 굶주리고 목마르지 않으리라 약속하셨습니다. "내 살은 참 양식이요, 내 피는 참 음료다." 요6:55 그래서 초대교회는 함께 모여 음식을 먹었습니다. 계급, 성, 지역, 직업, 심지어 인종과 민족의 차이와 상관없이, 함께 식탁에 앉아 먹으며 형제자매가 되고 새로운 가족이 되었습니다. 동시에 이 세상의 불의와 약자의 한을 외면하지 않았습니다. 창조주의 의도에서 벗어난 타락한 세상의 실체를 정확히 인식하고 판단했습니다. 그리고 우리의 영원한 빵과 물이 되신 예수 그리스도를 기억했습니다. 그렇게 예수 공동체는 타락한 세상 한복판에서 하나님나라의 진면목을 몸소 체험할 수 있었습니다.

기도하다

기도에 힘썼다. 행2:42

예수의 승천 후, 제자들은 예수가 보낼 성령을 기다렸습니다. 사도행전은 이 기간에 제자들이 무슨 일을 하며 성령을 기다렸는지 상세히 기록하지 않습니다. 하지만 그들이 이 기간에 성령을 기다리며 기도에 전념했던 것은 분명합니다. 오순절에 임한 성령에 의해 제자들이 방언한 것은 그들이 기도 중이었음을 짐작하게 합니다. 예수께서 떠나고 성령이 임재하기 전까지, 제자들이 외롭고 힘든 시간을 견딜 수 있었던 것은 기도의 힘이 컸을 것입니다. 예수의 약속에 의지해서 성령을 무작정 기다릴 수 있었던 것도, 오직 제자 공동체가 함께 모여 서로 격려하며 드린 기도 때문이었을 것입니다. 그렇게 성령의 임재를 통해 확증되고 강화된 기도는 이후에도 초대교회 생활의 중심이 될 수밖에 없었겠지요.

또한, 기도는 제자들이 깨닫고 체험한 성령의 능력을 지속시키는 결정적인 도구였습니다. 그들은 예수의 약속을 믿고 기다리다가 성령의 임재를 체험했습니다. 그 결과, 그들은 예수가 주와 그리스도이심을 깨달았습니다. 동시에, 위태로운 환경에서 담대히 예수의 증인으로 살 수 있었습니다. 결국, 그들이 진정한 그리스도인이 되고 예수의 증인으로 살기 위해선, 그리고 그들이 경험한 은혜를 계속 유지하기 위해선, 성령 안에 거해야 하고, 그러기 위해선 기도가 절대적으로 필요했습니다. 정말, 기도 외에는 다른 길, 다른 대안이 없었기 때문입니다. 따라서 그들은 기도에 온 힘을 쏟아야 했습니다.

그뿐 아니라, 오순절 사건 이후 새로 교회에 가입한 사람들의 수가 급증했습니다. 누가는 하나님이 구원받는 자를 날마다 더하셨다고 기록합니다. 그야말로 '대부흥'이 일어난 것입니다. 이제 빠르게 늘어난 새 신자들이 진정한 제자요 성도로 성장하기 위해서는 사도들에게 임한 성령이 그들에게도 필요했습니다. 교회의 생명력, 제자도의 근원적 동력이 성령이시라면, 새로운 신자들의 변화와 성장을 위해선 그들에게도 같은 성령의 임재가 필요했던 것입니다. 그리고 그것은 오직 기도를 통해서만 가능했습니다. 기도를 통한 성령체험 없이, 단지 교리공부와 식사 교제만으로 명목상의 신자nominal Christian를 진정한 신자real Christian로 거듭나게 할 수는 없습니다. 이런 체험과 당면한 현실 때문에, 제자들은 최선을 다해 기도했을 것입니다.

그 결과, 이제 성령 충만은 오순절 날 소수의 사람만 경험했던 일회적이고 예외적인 사건으로 머물지 않습니다. 이후, 성령 충만은 교회의 본질이자 궁극적인 목표로서, 이 땅의 모든 교회에서 시대적 한계를 넘어 반복하여 재현되고 있습니다.

기적과 표적이 나타나다

사도들을 통하여 기이한 일과 표적이 많이 일어났다.행2:43

예수 생전에 제자들이 '2인 1조'로 전도 여행을 떠난 적이 있습니다. 그때, 제자들이 돌아와서 예수께 "귀신들까지도 우리에게 복종합니다."눅10:17라고 보고했습니다. 하지만 그 일 외에, 제자들이 기사와 이적을 행한 기록은 복음서에 나타나지 않습니다. 반면, 귀신 들려 불길에 뛰어드는 아이 앞에서 지극히 무기력했던 제자들은 예수로부터 "아, 믿음 없는 세대여"막9:19란 책망을 들었습니다. 그런데 오순절 사건 이후 사도들이 변했습니다. 본문에서 누가는 그 변화를 상세히 설명하는 대신, 그들을 통해 "기이한 일과 표적"이 많이 발생했다고 간략히 언급합니다. 그렇다면 사도들을 통해 발생한 "기이한 일과 표적"은 과연 무엇일까요?

한때, 믿음을 잃고 도주했던 제자들이 복음을 정확히 이해하고, 담대히 전하는 모습 자체가 "기이한 일과 표적"이 아니었을까요? 사실, 이런 변화야말로 진정한 신비이고 기적입니다. 3년 동안 직접 배우고 같이 살면서도 제대로 예수를 이해하지 못했던 사람들이, 자신들의 목숨을 부지하기 위해 예수를 버리고 도주했던 사람들이, 어떻게 하루아침에 180도 바뀔 수 있었을까요? 이런 제자들의 변화는 정치적 권세와 위협조차 저지할 수 없었습니다. 시대적 통념이나 문화적 경향, 대중적 여론으로도 막을 수 없었습니다. 성령을 통해 예수의 실체를 간파한 제자들은 육체적 위협이나 정치적 압력에도 주저하지 않고 예수를 주와 메시아로 전했습니다. 이처럼, 극적으로 변한 제자들의 모습 자체가 당시 교회에선 가장 경이롭고 충격적인 기사와 이적이었음이 틀림없습니다. 이성과 논리로 설명할 수 없는 일입니다.

사도들의 사역을 통해 수많은 불신자가 예수를 주와 그리스도로 믿고 세례를 받은 것도 충격적인 "기이한 일과 표적"입니다. 얼마 전까지, 예수는 유대인들의 집단적 공모로 처형된 범죄자에 불과했습니다. 생전에 예수께서 수많은 기적을 일으키고 경이로운 가르침을 베푸셨지만, 소수의 추종자를 제외하고는 별다른 성과를 얻지 못했습니다. 심지어는 박해가 발생하자 제자들마저 스승인 예수를 배반하고 도주하지 않았습니까? 여전히 예수와 그 무리에 대한 정부의 태도나 대다수 군중의 인식이 바뀌지 않았기에, 예수를 인정하고 따르는 것은 매우 위험한 일이었습니다. 그런데 오순절 성령강림 이후, 사도들의 설교와 다양한 사역을 통해 회개하고 예수를 믿는 일이 끊이지 않았습니다. 이런 대중의 변화야말로 방언이나 신유 같은 초자연적 신비 현상 못지않은 경이로운 기사와 이적임이 틀림없습니다.

사도들을 통해 다양한 신비 현상들이 나타났습니다. 로드니 스타크Rodney Stark는 "기적은 그레코-로만 사회에서 종교적으로 신뢰하게 하는 본질적인 요인이었다"고 주장했습니다.2 이런 주장은 사도행전을 통해 확인할 수 있습니다. 즉, 사도행전은 사도들에 의해 발생한 기적 이야기로 가득합니다. 욥바에서 병들어 죽었던 도르가가 베드로의 기도를 통해 살아났습니다. 위층에서 떨어져 죽었던 유두고를 바울이 살렸습니다. 불치병을 치유한 이야기도 적지 않습니다. 성전 미문에서 구걸하던 선천적인 장애인을 베드로와 요한이 일으켰습니다.

끝으로, 이런 사건들을 통해, 사람들은 '하나님의 현존'을 확인할 수 있었습니다. 오랫동안 세상은 하나님에 대해 읽고 들었습니다. 성경에서 하나님에 대해 읽었고, 성전 제사를 통해 그분을 기억했습니다. 그들은 법적으로 하나님의 백성이었으며, 하나님은 그들의 하나님이셨습니다. 율법을 엄격히 준수하던 그들의 삶은 철저히 종교적이었고, 그런 이스라엘의 독특한 정체성을 세상도 익히 알았습니다. 그래서 그들에게 하나님은 성스러운 고대 역사 속에 기록된 신화적 존재, 일상에서 실천하는 율법의 제정자, 억압적인 현실에서 이스라엘을 구원할 미래의 소망으로 인지되고 교육되고 예배되었습니다. 하지만 어떤 의미에서, 이스라엘에게 야웨는 지금도 살아서 역사하는 현재의 신이 아니라, 과거의 기억과 미래의 소망 속에 존재하는 신이었던 것 같습니다.

그런데 예수의 부활과 오순절 성령강림을 통해, 하나님은 다시 한번 이스라엘 민족을 찾아오셨습니다. 심지어 민족적·인종적·계급적 경계를 넘어, 당신의 나라를 땅끝까지 확장하기 시작하셨습니다. 바로 지금 사도들을 통해서 말입니다. 자신의 스승을 처형하고 공동체를 탄압한 로마제국의 백부장을 찾아가 복음을 전할 때, 성령이 그들 위에 임하셨습니다.행10:44 그렇게 민족적 경계와 인간적 간격을 극복하고, 유대인과 이방인이 성령 안에서 하나님의 백성으로 하나가 되었습니다. 성령이 말하게 하시는 대로 베드로가 복음을 선포했을 때, 예수의 죽음에 공모했던 이스라엘 백성들이 회개하고 예수의 제자들로 거듭났습니다. 성령이 임재하여 방언으로 말하기 시작하면서, 그동안 세상으로 흩어져서 다른 언어를 사용했던 디아스포라 유대인들이 "하나님이 행하신 놀라운 일"을 깨닫고 십자가 아래 모였습니다. 그렇게 바벨탑의 저주에서 극적으로 회복되었습니다. 이로써, 제자들에게 하나님은 과거의 기억, 미래의 소망일뿐 아니라, 폴 틸리히Paul Tillich, 1886-1965의 선언처럼, "영원한 현재"Eternal Now가 되신 것입니다.

두려워하다

그리하여 모든 사람에게 두려운 마음이 생겼다.행2:43

성령의 임재와 역사, 그리고 사도들의 가르침과 사역을 통해, 교회 안에는 두려움이 가득찼습니다. 이 두려움은 무엇일까요? 종교학자 루돌프 옷토Rudolf Otto, 1869-1937는 두려움을 종교경험의 핵심으로 규정하며 다음과 같이 설명했습니다.

이제 우리는 모든 강한 종교적 감정의 술렁임에 있어서 가장 기본적이고 가장 심오한 면을 한번 관찰해 보자. 그것은 구원의 믿음, 신뢰나 사랑 이상의 무엇으로서, 이러한 부차적인 것들과는 전혀 별도로 우리 안에서 때때로 정신을 차리지 못할 정도의 힘을 가지고 우리의 마음을 흔들어 놓고 사로잡는다. 우리가 주위의 사람들 가운데서 경건한 사람의 갑작스런 종교성의 폭발이나 감정적 노출에 있어서, 혹은 의례와 전례에서 발견되는 엄숙함과 질서 속에서, 혹은 오래된 종교적 유물이나 건축물, 사원이나 교회당의 분위기 속에서 감정이입이나 공감이나 추체험□□□을 통하여 그것을 추구해 볼 것 같으면, 우리에게는 그것의 표현으로서 단 하나만이 남게 된다. 곧 두려운 신비mysterium tremendum 혹은 무서운 비밀의 감정이다. 이러한 감정은 때로는 깊은 예배의 평온 속에서 고요한 조수와 같이 우리의 마음에 엄습해 오기도 한다. 그리하여 보다 지속적인 영혼의 상태로 이행하여 오래 계속되다가 여운을 남기고는

드디어 아주 사라져 버리면서 우리의 영혼을 또다시 속된 세계로 몰아넣기도 한다. 또 그런가 하면 갑자기 저돌적인 충격과 경련을 일으키면서 영혼으로부터 폭발해 나오기도 하며 때로는 이상한 흥분과 도취, 환희와 황홀경으로 이끌기도 한다. 미친 듯한 악마적인 형태로 나타나기도 하며 으스스할 정도의 소름과 전율로 하락하기도 한다. 거칠고 야만적인 그 이전의 단계들과 표현들이 있는가 하면 또한 섬세하고 순수하고 밝은 것으로 발전하기도 한다. 또한, 어떤 것 앞에서 피조물이 겸손하고 말 없는 침묵과 떨림으로 변하기도 한다. 과연 어떤 것 앞에서인가? 말할 수 없는 신비 속에서 모든 피조물을 초월한 자 앞에서이다.[3]

모세가 광야에서 떨기나무에 불꽃으로 임하신 하나님을 만났을 때, 그를 사로잡은 감정은 두려움이었습니다.출3:6 이사야가 예루살렘 성전에서 스랍들을 만났을 때, 그는 극단적인 두려움에 휩싸였습니다.사6:5 시몬 베드로가 갈릴리 호수에서 예수의 실체를 깨달았을 때, 그는 두려움에 압도되었습니다.눅5:8 다메섹의 교회를 파괴하기 위해 달려가던 바울이 부활하신 예수를 만나 눈이 멀었을 때, 그가 경험한 일차적 감정은 근원적인 두려움이었습니다. 그런데 절대자 앞에서 느끼는 유한자의 근원적인 두려움, 완전한 선善 앞에서 죄인이 경험하는 절대적인 공포, 성스러움의 본체 앞에서 속된 인간이 체험하는 불가피한 절망을 성경은 '경외'敬畏라고 말합니다. 이것은 하나님을 체험한 사람들 안에서 예외 없이 발생하는 원초적·근원적인 감정으로서 종교와 신앙의 토대입니다. 그런데 이 감정은 단순히 이성과 구별되는 정서나 느낌을 말하는 것이 아닙니다.

사실, 이 감정은 오랫동안 교회사에서 많은 신학자와 영성가들이 주목하고 연구했던 대상이며 주제였습니다. 퀘이커교를 시작한 조지 폭스George Fox, 1624–91는 이것을 "내적인 빛"inner light이라고 불렀으며, 조너선 에드워즈Jonathan Edwards, 1703-58는 "종교적 감정"religious affection으로, 프리드리히 쉴라이에르마허Friedrich Schleiermacher, 1768-1834는 "절대 의존의 감정"the feeling of absolute dependence으로 각각 명명했습니다. 비록 17세기 영국, 18세기 미국, 그리고 19세기 독일에서 활동하며 각기 다르게 명명했지만, 이들 모두 그리스도교 영성에서 감정이 차지하고 있는 중심적 위치에 공통으로 주목했던 것입니다.

오토의 분석처럼, 이 종교적 감정은 두려움과 매혹, 공포와 희열이 공존하는 복합적인 감정이자, 우리의 이성 및 의지와 분리되지 않는 총체적인 현상입니다. 따라서, 인간이 하나님의 현존 앞에서 경외감을 느낄 때, 그것은 하나님의 본질과 실체에 대한 직관적인 통찰을 가능하게 하고, 인간 자신에 대한 각성과 우리를 향한 하나님의 뜻을 자각하게 하며, 현실의 난관에도 불구하고 그 뜻을 실천할 의지와 능력을 소유하게 만듭니다. 따라서 하나님과 거룩한 만남에서 두려운 감정이 자동적으로 발생하지만, 이것은 또한 지적인 각성과 더불어 도덕적·종교적 실천으로 이어집니다. 이것이 종교 체험의 알고리즘입니다.

따라서 경외, 즉 두려운 신비mysterium tremendum는 인간을 근원적으로 변화시킵니다. 이 특별한 감정은 속俗에서 성聖으로, 혼돈에서 질서로, 흑암에서 광명으로, 사망에서 생명으로, 심판에서 구원으로, 지옥에서 천국으로 인간의 본질과 삶을 변화시키는 신비로운 동력이자 원천입니다. 생각해 봅시다. 모세는 떨기나무에 불꽃으로 임하신 하나님을 뵙고 두려움에 떨었지만, 그러한 만남과 경외는 그를 파멸과 죽음 대신, 동족 이스라엘을 바로의 학대로부터 구출하라는 거룩한 사명으로 이끌었습니다. 이러한 새로운 각성과 사명, 삶의 변화는 이사야, 베드로, 바울 안에서 똑같이 반복되었습니다. 결국, 인간은 이런 경외를 체험한 다음에는 과거의 삶으로 회귀하거나 종전의 삶을 반복할 수 없습니다. 그야말로 새 사람, 새것, 새로운 피조물로 다시 태어납니다.

이처럼, 오순절 성령강림으로 탄생한 교회 공동체에서 초대교인들이 두려운 마음을 갖게 된 것은 사도들의 카리스마에 압도되어 정서적 공포에 휩싸였다는 의미를 넘어, 그들이 이전과는 전혀 다른 신神 인식과 믿음 그리고 삶의 목적과 양식을 갖게 되었다는 뜻입니다.

교인들 개개인이 전혀 다른 존재로 변했을 뿐 아니라, 이 경험 이전의 공동체, 그리고 세상의 다른 조직과 구별되는 전혀 다른 공동체로 재탄생重生한 것입니다.

더불어 살다

믿는 사람은 모두 함께 지내면서, 모든 것을 공동으로 소유하고, 재산과 소유물을 팔아서, 모든 사람에게 필요한 대로 나누어 주었다.행2:44–5

많은 신도가 다 한 마음과 한뜻이 되어서, 누구 하나도 자기 소유를 자기 것이라고 하지 않고, 모든 것을 공동으로 사용하였다. 사도들은 큰 능력으로 주 예수의 부활을 증언하였고, 그들은 모두 큰 은혜를 받았다. 그들 가운데는 가난한 사람이 하나도 없었다. 땅이나 집을 가진 사람들은 그것을 팔아서, 그 판 돈을 가져다가 사도들의 발 앞에 놓았고, 사도들은 각 사람에게 필요에 따라 나누어 주었다. 키프로스 태생으로, 레위 사람이요, 사도들로부터 바나바 곧 '위로의 아들'이라는 뜻의 별명을 받은 요셉이, 자기가 가지고 있는 밭을 팔아서, 그 돈을 가져다가 사도들의 발 앞에 놓았다.행4:32–7

사도행전에는 성도들이 함께 지내며 물질을 공유했다는 기록이 두 번이나 반복되어 나옵니다. 이렇게 중복된 기록은 이런 생활방식이 초대교회의 중요한 특징이었음을 단적으로 입증합니다. 이것은 5장에 나오는 아나니아와 삽비라 부부의 이야기를 통해 한층 강화됩니다. 무슨 뜻입니까?

앞에서 살펴보았듯이, 성령의 주도와 사도들의 지도 속에 새로운 공동체가 탄생했습니다. 이들은 교육, 기도, 교제, 식사에 집중했습니다. 그런데 사도행전의 저자는 이런 초대교회의 새로운 생활방식 가운데 유독 성도들이 함께 모여 학습과 식사, 교제에 힘썼을 뿐 아니라, 재산과 소유물을 공동으로 사용했다는 사실을 반복해서 기록했고, 이런 삶의 구체적인 예로 바나바를 소개했습니다.

이런 맥락에서, 우리는 이런 실험이 '교회 안에서' 시도되었다는 사실에 주목해야 합니다. 사실, 교회 안에서 신앙뿐 아니라, 물질을 공유하는 것은 이미 예수 공동체에서 실천했던 일입니다. 예수와 제자들은 머리 둘 곳조차 없이 팔레스타인 전역을 다니며 사역했습니다. 그들은 기존의 직업을 포기했고, 가정과 고향도 떠났습니다. 한곳에 정착하거나 특별한 사업을 통해 수입을 확보하지도 않았습니다. 가룟 유다가 공동체의 재정을 담당했다는 기록요13:29을 고려해 볼 때, 어느 정도 재정이 있었던 것으로도 보이지만, 대체로는 누군가의 후원과 환대를 통해 숙식을 해결한 것 같습니다. 마르다의 경우가 대표적인 예일 것입니다.눅10:38-42 결국, 예수와 제자들은 같은 공간에 거하며 같은 음식을 먹고 살았습니다. 예수라고 따로 사례를 받거나 특별한 대접을 받은 것 같지 않습니다. 개인적으로, 재산을 축적했다는 기록도 없습니다. 풍족하고 윤택한 삶, 안전하고 안정된 생활을 누리지는 못했지만, 그들 가운데 빈부의 격차나 계급의 차별은 없었습니다.

그런데 이런 예수 공동체의 삶이 새로 탄생한 제자 공동체 안에서 재현된 것입니다. 성령의 임재 속에서 제자들이 예수를 주와 그리스도로 고백한 것이 제자 공동체의 일차적인 특징이었다면, 그들이 함께 모여 공동으로 재산을 소유하고 평등한 공동체를 구성한 것은 두 번째의 특징이었습니다. 그들이 예수를 따르는 사람이라면, 이 공동체의 기원은 예수 공동체입니다. 그리고 이 새로운 공동체가 예수 공동체의 본질과 정체성을 보존하고 공유한다면, 그 핵심은 예수 공동체처럼 물질과 삶을 공유하는 것이 될 것입니다. 따라서 예수를 따르며 그런 삶을 체험했던 제자들이 성령 안에서 예수에 대한 인식과 믿음을 회복하고 그의 유업을 따라 공동체를 재건했을 때, 이 공동체 안에서 반드시 보존하고 시도해야 할 목회적 과제는 자신들의 재산을 공유하는 것이었음이 틀림없습니다. 이것은 예수가 이 땅에서 시도했던 하나님 나라의 징표였기에, 제자들로 구성된 공동체 안에서도 예외 없이 계승되어야 할 전통이었을 것입니다.

그렇다면 물질을 공유한 삶은 어떻게 구체적으로 실천되었을까요? 어떤 이들은 이 공동체가 공동으로 재산을 소유하고 사용했기 때문에 초대교회가 공산주의사회의 원형이라고 주장하거나 비판합니다. 하지만 공산주의사회와 초대교회는 본질에서 다릅니다. 물론, 모든 것을 공동으로 소유하고, 재산과 소유물을 팔아 공유했다는 것은 얼핏 공산주의자들이 꿈꾸는 공산주의사회와 유사해 보입니다. '능력에 따라 일하고 필요에 따라 공급받는다'는 마르크스의 명제와 비슷하기 때문입니다. 하지만 초대교회의 모습과 공산주의자들이 꿈꾸는 세상 사이에는 결정적인 차이가 존재합니다. 초대교회 안에서 실현된 공동생활은 그 옛날 이사야가 꿈꾸었던 하나님 나라의 비전이 실현된 것입니다. 다시 말해, 초대교회는 마르크스의 이론에 근거한 프롤레타리아 혁명의 산물이 아니라, 성령의 임재를 통해 실현된 하나님 나라입니다. 이사야 11장에서 이사야는 장차 실현될 하나님 나라를 이렇게 묘사합니다.

이새의 줄기에서 한 싹이 나며 그 뿌리에서 한 가지가 자라서 열매를 맺는다. 주의 영이 그에게 내려오신다. 지혜와 총명의 영, 모략과 권능의 영, 지식과 주를 경외하게 하는 영이 그에게 내려오시니, 그는 주를 경외하는 것을 즐거움으로 삼는다. 그는 눈에 보이는 대로만 재판하지 않으며, 귀에 들리는 대로

만 판결하지 않는다. 가난한 사람들을 공의로 재판하고, 세상에서 억눌린 사람들을 바르게 논죄한다. 그가 하는 말은 몽둥이가 되어 잔인한 자를 치고, 그가 내리는 선고는 사악한 자를 사형에 처한다. 그는 정의로 허리를 동여매고 성실로 그의 몸의 띠를 삼는다. 그때에는, 이리가 어린 양과 함께 살며, 표범이 새끼 염소와 함께 누우며, 송아지와 새끼 사자와 살진 짐승이 함께 풀을 뜯고, 어린아이가 그것들을 이끌고 다닌다. 암소와 곰이 서로 벗이 되며, 그것들의 새끼가 함께 누우며, 사자가 소처럼 풀을 먹는다. 젖먹는 아이가 독사의 구멍 곁에서 장난하고, 젖뗀 아이가 살무사의 굴에 손을 넣는다. "나의 거룩한 산 모든 곳에서, 서로 해치거나 파괴하는 일이 없다." 물이 바다를 채우듯, 주님을 아는 지식이 땅에 가득하기 때문이다..

사11:1-9

여기서 우리가 주목하는 부분은 주의 영, 지혜와 총명의 영, 모략과 권능의 영, 지식과 주를 경외하게 하는 영이 임재한다는 내용입니다. 이 부분은 오순절에 강림한 성령과 관계가 있습니다. 또한, 이 사야는 영이 임재하면서, 주님을 아는 지식이 "물이 바다를 채우듯…. 땅에 가득"할 것이라고 예언합니다. 이것은 성령의 임재를 통해 사도들이 예수 그리스도를 "주와 그리스도"로 깨닫게 되고, 그들을 통해 예수에 대한 새로운 지식과 계시가 사람들에게 선포되며, 그 열매로 구성된 교회 내에서 성도들이 이런 사도들의 가르침에 전념하고, 이후 예루살렘, 유대, 사마리아, 땅끝까지 이 진리를 확장하는 것과 관계가 있습니다. 동시에, 하나님의 영으로 충만한 이가 주를 '경외'하고 공의로 재판함으로써, 이리와 어린 양, 표범과 새끼 염소, 송아지와 새끼 사자, 살진 짐승이 함께 풀을 뜯고, 어린아이와 독사, 암소와 곰이 벗이 되며, 함께 먹고 누우며 장난치는 세상이 도래합니다. 사도행전에서 가난한 자들이 없어진 현실은 이런 이사야의 예언이 부분적으로 실현된 것입니다. 즉, 성령의 임재와 하나님에 대한 온전한 지식의 확장으로 이 세상에 평등한 공동체가 탄생할 것이라는 이사야의 예언처럼, 성령의 임재와 예수에 대한 온전한 인식을 통해 유무상통有無相通 공동체가 사도행전에서 탄생했던 것입니다.

한 가지 더 결정적인 차이가 있습니다. 공산주의자들은 계급모순이 극에 달했을 때, 프롤레타리아 계급이 무력혁명으로 부르주아지 계급을 타파하고, 프롤레타리아 계급이 지배하는 공산사회를 건설해야 한다고 주장합니다. 하지만 지난 100년간의 공산주의운동을 통해 입증되었듯이, 그런 세상은 도래하지 않았습니다. 앞으로도 그럴 것입니다. 비록, 공산주의자들의 주장처럼 노동자 · 농민의 혁명을 통해 공산주의 국가를 성공적으로 건설한다고 해도, 소련과 중국, 북한의 경우처럼, 공산주의 국가들의 역사는 그들의 이론 및 희망과 달리, 공산국가 내부의 지배계급에 의한 소수의 독재와 다수의 비극적 고난이 반복되었을 뿐입니다. 공산주의 국가들은 유산계급과 무산계급의 악순환 고리를 끊어낸 것이 아니라, 전체주의 형태로 억압과 차별을 반복하거나 심화시켰을 뿐입니다.

인류의 역사에서 무산계급이 반란과 혁명으로 체제를 전복한 경우는 매우 드물지만, 비록 그럴 때조차도 권력을 장악한 혁명세력은 시간이 흐르면서 자연스럽게 유산계급으로 등극했고, 그들에게 패한 사람들은 무산계급으로 전락했습니다. 또한 무산계급은 다시 체제전복의 기회를 엿보았고, 기회가 왔을 때 수단과 방법을 가리지 않고 다시 체제를 전복했습니다. 그들은 잃어버린 지위를 회복하고 지배계급이 되었으며, 이전의 지배계급은 권력을 잃고 피지배계급으로 몰락했습니다. 이처럼 계급투쟁의 악순환은 무한히 반복됩니다. 이것이 계급투쟁의 역사입니다. 노예제 사회, 봉건제 사회, 자본주의 사회뿐만 아니라, 공산주의 사회도 예외가 아닙니다.

하지만 성령의 임재와 하나님에 대한 지식의 확대를 통해 이 땅에 세워지는 정의로운 세상, 평등한 세상은 공산주의와 전혀 다른 방법으로 세워질 것입니다. 그것은 성령으로 충만하여 하나님을 온전히 아는 사람들, 그래서 하나님 앞에서 무한한 경외감을 느끼면서 세상의 이념과 유행과 관행이 아니라, 하나님의 비전과 뜻에 순종하는 사람들, 궁극적으로 사자, 독사, 표범, 곰으로 태어났지만, 새끼염소, 송아지, 젖 먹는 아이의 벗이 되기 위해 기꺼이 '풀'을 뜯어 먹는 사람들, 자기를 부인하고 십자가를 지고 예수 뒤를 따르는 사람들에 의해 세워질 것입니다. 예수처럼, 그리고 바나바처럼 말입니다.

> 그분은 하나님의 모습을 지니셨으나, 하나님과 동등함을 당연하게 생각하지 않으시고, 오히려 자기를 비워서 종의 모습을 취하시고, 사람과 같이 되셨습니다. 그는 사람의 모양으로 나타나셔서, 자기를 낮추시고, 죽기까지 순종하셨으니, 곧 십자가에 죽기까지 하셨습니다.빌2:8
>
> 키프로스 태생으로, 레위 사람이요, 사도들에게서 바나바 곧 '위로의 아들'이라는 뜻의 별명을 받은 요셉이, 자기가 가지고 있는 밭을 팔아서, 그 돈을 가져다가 사도들의 발 앞에 놓았다.행4:36-7

나의 벗, 오 목사

저는 신학대학원에서 오 목사를 처음 만났습니다. 당시에 그는 전도사였지요. 나이가 저보다 한 살 많았고 신학대학원도 먼저 입학했기에 엄연히 선배였지만, 군대를 다녀온 후 함께 수업을 들으면서 친구가 되었습니다. 저도 가난한 가정에서 자랐지만, 그가 살아온 삶도 만만치 않았습니다. 그럼에도, 그는 진실한 그리스도인이 되기 위해 몸부림쳤고, 신학 공부에도 최선을 다했습니다. 사회적 약자에 대한 정의감이 살아 있던 그를 저는 좋아하고 신뢰하게 되었습니다. 우리는 절친이 되었습니다.

　　한번은 방학 중에 개인적인 용무로 대전에 간 적이 있었습니다. 마침 그가 대전에 살고 있었기에 얼굴이나 보고 가려고 전화를 했더니, 무조건 자기 집에서 하룻밤 자고 가라며 고집을 부렸습니다. 저는 폐를 끼치는 것이 부담스러워 거절했지만, 그의 거듭된 강요에 못 이겨 결국 그의 신혼집에서 하룻밤을 지내게 되었습니다. 그런데 제가 그의 집을 찾아가 보니, 단칸방에 부엌이 달린 작고 좁은 집이었습니다. 자리에 누우니 저의 머리와 발이 양 벽에 닿았습니다. 그 작은 신혼 방에서 저와 오 목사, 그리고 만삭인 그의 아내가 칼잠을 잤습니다. 저는 오 목사의 환대가 눈물 나게 고마우면서도, 쉽게 이해할 수 없었기 때문에 매우 당혹스러웠습니다. 그럼에도, 그는 우리가 친구이므로 괜찮다고, 아니 당연하다고 반복해서 우겼습니다. 사람 좋은 얼굴에 미소를 가득 머금고 말입니다.

　　신학교 졸업 후, 저는 유학을 떠났고, 오 목사는 지방에서 사역을 시작했습니다. 제가 미국에서 박사과정을 시작했을 무렵, 잠시 한국에 들어올 기회가 생겼습니다. 중요한 용무를 마치고 오 목사에게 안부 전화를 했더니, 무조건 자신이 담임하는 교회에서 주일예배 설교를 하라고 명령(?)을 내렸습니다. 저는 그리운 벗을 보고 싶었고, 그가 목회하는 교회에도 가보고 싶어서 바로 명령에 순종했습니다. 그가 목회하는 교회는 경기도의 한 농촌에 있는 작은 교회였습니다. 20여 분의 노인들과 2~3명 정도의 청년이 있었던 것으로 기억합니다. 예배가 시작되자, 우리 동기 중 최고의 음치인 오 목사가 피아노 반주도 없이 찬양을 인도했습니다. 그 찬양은 분명히 제가 잘 아는 곡이었지만 20명이 전부 각자의 방식대로 부르는 바람에 그야말로 20부 합창이 되고 말았습니다. 불협화음의 극치였습니다. 그럼에도 모든 성도의 얼굴은 은혜와 행복으로 환하게 빛났습니다. 저는 그 광경을 강단 위에 앉아서 보며 울다 웃기를 반복했습니다. 평생 잊을 수 없는 기막힌 찬양시간이었습니다.

예배 후, 저는 오 목사의 봉고차를 타고 버스 터미널로 떠났습니다. 터미널에 도착하여 고속버스에 오를 때, 오 목사가 차 안에서 심심할 테니 가면서 읽으라고 책 한 권을 건네주었습니다. 언제 다시볼 수 있을지 몰라 아쉬워하며, 우리는 헤어졌습니다. 저는 차에 타자마자 피곤이 몰려와 곧 잠이 들었습니다. 그렇게 한참을 자고 난후, 선물 받은 책이 궁금하여 펼쳐 보기 시작했습니다. 그런데 책 한가운데에 꼬깃꼬깃 접은 종이가 하나 끼어 있었습니다. 꺼내어 펴보니 50만 원권 수표였습니다. 저는 몹시 당황했습니다. 이미 설교 사례비를 교회에서 공식적으로 받았는데, 이 돈은 무엇일까?

지금도 그렇지만, 20년도 더 전인 그 시절에 50만 원은 매우 큰 돈이었습니다. 특히, 우리 같은 가난한 목회자들에게는 더욱 그랬지요. 제 기억에, 당시 오 목사의 한 달 사례비가 70만 원이었습니다. 그 돈으로 4식구가 한 달 동안 생활해야 했습니다. 그렇다면 오 목사는 제게 자신의 한 달 생활비 70만 원 중에서 50만 원을 떼서 준 것입니다. 오 목사 자신도 가난한 시골교회 목사인 주제에, 유학 중인 제가 더 가난하고 불쌍하다고 생각했던 것 같습니다. 그래서 어떻게 해서든 제게 작은 도움이나마 주고 싶었던 것이지요. 그런데 가난한 시골 목사가 할 수 있는 일이라곤, 자기 교회에 불러 설교기회를 주고 작지만 사례비라도 챙겨주고, 자신의 생활비 중 일부를 나누어 주는 것 뿐이라고 생각해서 잔머리(?)를 굴린 것 같습니다. 사례비야 그렇다고 해도, 생활비에서 그렇게 엄청난 몫을 나눠 주면, 제가 절대 받지 않을 것을 알았기 때문에, 그렇게 책 사이에 돈을 넣어 제가 차에 오르는 순간에 슬쩍 건네준 것입니다. 제가 돌려줄 기회를 원천적으로 차단하려고 말입니다. 대충 그렇게 상황이 이해되었습니다. 이 친구는 왜 이런 짓을 한 것일까? 왜 이렇게 무모한가? 이 돈을 내게 줘 버리면 자기 처자식들은 무엇을 먹고살라고! 저는 우리의 가난함이 슬펐습니다. 하지만 저 같은 사람을 친구로 기억하고 생활비까지 털어주는 오 목사의 사랑에 기쁘고 감사해서 울지 않을 수 없었습니다.

저는 지금도 그 순간을 생각하면 코끝이 찡해옵니다.

오 목사는 왜 저에게 그렇게 했을까요? 무엇 때문에 자신의 생활비까지 희생하며 저를 도우려 했을까요? 그것은 그가 저를 그리스도 안에서 진정한 친구로 여겼기 때문입니다. 어려운 환경에서 자란 우리가 신학교에서 만나, 한국교회에 대한 열정과 하나님 나라에 대한 꿈을 공유하면서 쌓아놓은 비전과 우정 때문입니다. 인간적으로 서로를 사랑했을 뿐 아니라, 성경을 읽고 신학을 공부하면서, 그리고 함께 눈물로 기도하면서, 예수 공동체의 본질을 깨달았기 때문입니다. 그래서 오 목사는 경제적으로 한 번도 넉넉한 적이 없었지만, 멀리서 찾아온 친구를 자신의 단칸방에서 재웠고, 유학 중인 벗에게 생활비까지 쪼개줄 수 있었던 것입니다. 그는 사랑을 말로만 고백하는 대신, 끊임없이 삶으로 표현했습니다. 하나님 나라에 대한 꿈을 설교뿐 아니라 행동과 실천으로 살아낸 것입니다. 그날 책에 끼워져 전해진 50만 원을 통해, 저는 교회에 대한 새로운 이해를 갖게 되었습니다. 그리고 성령과 복음 안에서 그 꿈이 실현될 수 있다는 희망도 품게 되었습니다. 추상적이고 막연했던 하나님 나라와 복음의 실체를, 보다 구체적이고 명료하게 인식할 수 있게 되었습니다.

제6장 ■ 교회 밖

성령을 통해 새로 교회가 구성되고, 교회 안에 하나님의 뜻이 실현되면서 하나님 나라가 드러나기 시작했습니다. 이후에 그 영향력은 자연스럽게 교회 담장을 넘어 세상 속으로 확장되기 시작했습니다. 거대한 물결이 댐을 넘어 강과 바다로 흘러가듯이 말입니다. 이런 역사의 첫 장면을, 누가는 사도행전 3장에서 기록하고 있습니다. 이 장면은 오순절에 성령이 강림하여 사도들이 먼저 극적으로 변화하고, 이어서 공동체가 새롭게 탄생한 직후에 벌어진 사건입니다. 이 장면을 통해, 우리는 하나님의 역사가 결코 교회 안에만 한정되지 않고, 이 땅의 모든 공간에서 재현될 수 있다는 사실을 확인할 수 있습니다. 이제, 교회 밖에서 벌어진 성령의 경이로운 사역을 살펴봅시다.

구걸하는 장애인

오후 세 시 기도를 하는 시간이 되어서, 베드로와 요한이 성전으로 올라가는데, 나면서부터 앉은뱅이인 사람을 사람들이 떠메고 왔다. 그들은 성전으로 들어가는 사람들에게 구걸하게 하려고, 그 앉은뱅이를 날마다 아름다운 문이라는 성전 문 곁에 앉혀 놓았다. 그는, 베드로와 요한이 성전으로 들어가는 것을 보고, 구걸을 하였다.

오후 세 시 기도 시간에, 베드로와 요한은 성전으로 올라갔습니다. 그때, 나면서부터 걷지 못한 장애인을 여러 사람이 데리고 왔습니다. 그들은 성전으로 들어가는 이들에게 구걸하게 하려고, 날마다 그 장애인을 '아름다운 문' 미문이라는 성전 문 곁에 앉혀 놓았습니다. 때마침, 그는 베드로와 요한이 성전으로 들어가려는 것을 보고 구걸을 시도했습니다.

이 불쌍한 사람을 주목해 봅시다. 그는 선천적인 장애를 안고 태어났습니다. 그렇게 태어난 순간, 인간으로서 그의 삶은 이미 결정된 것입니다. 그가 왕실이나 귀족, 재벌의 자녀로 태어났다면, 인생이 조금은 달라졌을지도 모릅니다. 그러나 그런 행운은 그에게 찾아오지 않았던 것 같습니다. 고대사회에서 장애를 가진 채 평범한 집안에서 태어났으니, 그에게는 고등교육을 받거나 특별한 기술을 습득할 기회도 거의 없었을 것입니다. 다른 장애인들처럼, 그도 일정한 나이가 되었을 때부터 길거리에서 구걸을 시작했겠지요. 그렇지 않으면 생존 자체가 불가능했을 것입니다.

이런 장애인을 가족으로 둔 사람들도 도와줄 수 있는 일이 거의 없었습니다. 그들이 막강한 권력이나 넉넉한 재물, 혹은 든든한 인맥을 소유했다면, 이 불쌍한 사람을 너끈히 돌볼 수 있었을 것입니다. 하지만 그들의 처지와 형편은 그렇지 못했던 것 같습니다. 권력, 재물, 인맥도 없는 이들이 장애인 형제를 위해 해 줄 수 있는 것은 거의 없었습니다. 그가 구걸로 생명을 연장하도록 길거리에 데려다 놓았다가 집으로 데려오는 것 외에는 말입니다. 하반신 장애 때문에 힘들게 움직이는 모습을 지켜보는 것도, 길거리에서 사람들의 조롱 속에 구걸하는 모습을 바라보는 것도 당사자만큼 힘들고 고통스러웠겠지요. 하지만 그렇게라도 하지 않으면 살 수 없으니, 그들은 이 힘들고 구차스러운 일을 매일 반복할 수밖에 없었을 것입니다.

이웃들은 어떠했을까요? 선한 사람들은 그의 비참한 모습과 처지를 동정하여, 만날 때마다 동전을 던져주었을 것입니다. 성전에서 기도하다 가끔 그를 위해 기도했겠지요. 반면, 마음이 모질고 독한 사람은 그를 저주받은 자라고 욕하거나, 더럽다고 침을 뱉거나, 그의 깡통을 걷어 찼을지도 모릅니다. 관리 중에는 그가 도시의 미관을 해치고 성전의 품위를 떨어뜨린다며, 그를 단속하여 그곳에서 쫓아내려던 사람들도 있었을지 모릅니다. 그리고 대다수 사람은 바빠서, 혹은 동행과의 대화에 몰두하느라, 그가 그곳에 있다는 사실도 모른 채, 혹은 그를 보았음에도 자신과 상관없는 사람으로 취급하며 무시했을 것입니다.

식민지의 세금징수에 집착했던 로마 총독부나, 제국의 착취에 기생하며 자기 밥그릇 챙기기에 바빴던 이스라엘 귀족들에게 이런 장애인은 그야말로 처분해야 할 쓰레기homo sacer에 불과했을 것입니다. 사회복지나 복지국가라는 개념이 전혀 없었던 시대에 무슨 말을 더하겠습니까. 이런 상황에서, 제국이나 식민지 정부가 장애인과 빈민을 위해 할 수 있는 최대의 자비는 구걸 행위를 눈감아주는 것 정도가 아니었을까요?

이처럼 개인적 불행과 구조적 모순, 시대적 한계 안에서, 이 비참한 사람은 매일같이 사람들이 지나가는 성전 앞에 앉아 불쌍한 표정으로 행인들을 바라보며 구걸을 반복했습니다. 비록, 선천적 장애와 구걸 행위가 죽을 만큼 한스러웠지만, 한편으론 자기를 데려다주는 가족들이 있어서, 혹은 구걸하기 좋은 자리를 차지했기 때문에, 다른 장애인에 비하면 그나마 다행이라고 생각했을지도 모릅니다. 그렇게 오늘도 그는 평상시처럼 같은 시간, 같은 장소에서 불쌍한 자세와 표정을 지으며 행인들을 바라보고 있었습니다. 그러다 성전으로 바삐 걸어가던 베드로, 요한과 눈이 마주친 것입니다.

길을 잃은 종교

수많은 사람이 기계처럼 정해진 시간에 성전으로 향했습니다. 이스라엘에게 성전은 무슨 의미였을까요? 유대인에게 성전은 우주의 중심이자 삶의 축이었습니다. 성전의 원형은 시내산에서 하나님의 지시에 따라 제작된 성막tabernacle입니다. 성막은 이 땅에서, 특히 이스라엘 백성 가운데 하나님의 임재를 상징하는 법궤를 모신 이동성전입니다. 이스라엘이 40년간 광야에서 생활하는 동안, 그리고 가나안에 정착해가던 사사시대에도, 성막은 이스라엘 백성에게 우주의 중심이었고, 그들과 하나님의 관계를 이어주는 생명줄이었습니다. 이스라엘이 부족사회에서 왕정체제로 전환한 후, 하나님의 사람 다윗은 하나님의 성전을 건축하길 평생 소망했으며, 그 꿈은 아들 솔로몬 때에 실현되었습니다.

하지만 BC 586년, 신바빌로니아에게 남유다 왕국이 멸망하면서 성전도 파괴되고 말았습니다. 국가와 성전을 잃어버린 이스라엘 백성은 바빌론 강가에서 망국의 한을 눈물로 노래하며, 조국 이스라엘을 가슴에 새겼습니다. "우리가 바빌론의 강변 곳곳에 앉아서, 시온을 기억하면서 울었다…. 예루살렘아, 내가 너를 잊는다면, 내 오른

손도 수금 타는 재주를 잊을 것이다."시137:1, 5 성전이 사라진 이스라엘은 생물학적 생명은 살아 있어도, 영적인 생명은 죽은 것과 마찬가지였습니다. 그래서 그들은 고국으로 돌아가 성전을 재건하기를 바랐습니다.

마침내 페르시아의 영웅 고레스가 신바빌로니아를 멸망시키고 아케메네스 왕조를 창건했습니다. 그리고 이스라엘 백성의 귀국과 더불어 성전 재건도 허락했습니다. 덕택에 이스라엘 백성은 꿈에 그리던 고국으로 돌아와 스룹바벨의 지도하에 예루살렘 성전을 재건할 수 있었습니다. 그러나 알렉산드로스 대왕의 동방 원정으로 BC 331년 페르시아 제국이 멸망했고, 알렉산드로스도 젊은 나이에 세상을 떠났습니다. 이후 이스라엘은 이집트를 지배하는 프톨레마이오스 왕조와 시리아를 다스리는 셀레우코스 왕조의 통치하에 차례로 놓였습니다. 그러나 셀레우코스 왕조의 안티오코스 에피파네스 4세가 성전을 모욕하고 유대인들에게 돼지고기를 강요했을 때, 이스라엘은 유다 마카비를 중심으로 봉기하여 독립을 쟁취하고 성전도 회복했습니다. 이후 이스라엘에는 성전과 제사장 중심의 하스몬 왕조가 들어섰습니다. 그러나 이런 정치적 독립도 BC 63년 로마 장군 폼페이우스가 셀레우코스 왕조를 정복하면서 종식되었고, 이후로는 로마의 속국으로 전락했습니다.

그런 과정에서, 성전은 항상 이스라엘의 민족적 신앙의 중심으로서 부동의 지위와 권위를 유지했습니다. 그리고 하스몬 왕조의 몰락 후 로마의 지지 하에 이스라엘을 통치하게 된 헤롯 대왕은 막대한 재정을 투입하여 기존의 예루살렘 성전을 대대적으로 보수했습니다. 비록, 헤롯 성전은 공사가 완전히 끝난 후 7년 만에 로마 군대의 공격으로 파괴되어 역사에서 사라졌지만, 서기 1세기 중반까지 이스라엘 민족에게 삶의 중심이며 존재의 동력으로 기능했습니다. 동시에, 하나님의 선택받은 민족이며 만방의 제사장 국가로서 부름받은 이스라엘의 민족적 자부심과 정체성의 근간이었습니다. 그래서 성전 없는 이스라엘은 그 누구도 상상할 수 없었습니다. 성전의 순결을 보존하는 것이야말로 민족의 과제요 사명이었습니다. 이것이 예루살렘 성전의 역사이며, 성전과 이스라엘의 운명적인 관계였습니다.

그런데도, 이토록 소중한 성전, 그리고 성전에 대한 극진한 신앙이 결정적으로 간과한 것이 있었습니다. 성전신앙에 몰두하는 과정에서, 성전을 통해 드러난 하나님의 뜻이 끊임없이 외면당했던 것입니다. 그래서 예언자들은 성전신앙 속에 상실되거나 왜곡된 하나님의 뜻을 반복해서 통렬하게 비판했습니다.

주께서 말씀하신다. "무엇하러 나에게 이 많은 제물을 바치느냐? 나는 이제 숫양의 번제물과 살진 짐승의 기름기가 지겹고, 나는 이제 수송아지와 어린 양과 숫염소의 피도 싫다. 너희가

나의 앞에 보이러 오지만, 누가 너희에게 그것을 요구하였느냐? 나의 뜰만 밟을 뿐이다. 다시는 헛된 제물을 가져오지 말아라. 다 쓸모없는 것들이다. 분향하는 것도 나에게는 역겹고, 초하루와 안식일과 대회로 모이는 것도 참을 수 없으며, 거룩한 집회를 열어 놓고 못된 짓도 함께 하는 것을, 내가 더는 견딜 수 없다.… 너희는 씻어라. 스스로 정결하게 하여라. 내가 보는 앞에서 너희의 악한 행실을 버려라. 악한 일을 그치고, 옳은 일을 하는 것을 배워라. 정의를 찾아라. 억압받는 사람을 도와주어라. 고아의 송사를 변호하여 주고 과부의 송사를 변론하여 주어라.사1:11-17

내가 주님 앞에 나아갈 때, 높으신 하나님께 예배드릴 때, 무엇을 가지고 가야 합니까? 번제물로 바칠 일 년 된 송아지를 가지고 가면 됩니까? 수천 마리의 양이나, 수만의 강줄기를 채울 올리브 기름을 드리면, 주께서 기뻐하시겠습니까? 내 허물을 벗겨 주시기를 빌면서, 내 맏아들이라도 주님께 바쳐야 합니까? 내가 지은 죄를 용서하여 주시기를 빌면서, 이 몸의 열매를 주님께 바쳐야 합니까? 너 사람아, 무엇이 착한 일인지를 주께서 이미 말씀하셨다. 주께서 너에게 요구하시는 것이 무엇인지도 이미 말씀하셨다. 오로지 공의를 실천하며 인자를

사랑하며 겸손히 네 하나님과 함께 행하는 것이 아니냐!미6:6-8

건축사의 기념비적 작품으로 평가되는 헤롯 성전은 유대인들의 자랑거리요 민족적 자부심의 근원이었습니다. 로마제국의 식민지 백성으로 살아야 했지만, 매일 정해진 시간에 맞춰 성전에 들어갈 때마다, 유대인들은 자신들이 하나님의 특별한 민족임을 재확인했고, 하나님에 의해 회복될 민족의 미래를 꿈꾸었습니다. 하지만 이 위대한 성전과 그들의 강렬한 선민의식, 철저한 종교 생활 속에서, 그들은 불행히도 핵심을 놓쳤습니다. 그토록 정성스럽게 성전예배에 참석하고 회당에서 성경을 공부했음에도, 율법의 본질을 완벽하게 망각한 것입니다.

하나님이 정말 원하시는 것은 화려하고 사치스러운 제사가 아니라, 고아와 과부로 상징되는 사회적 약자들을 돌보는 것이며, 불평등한 세상에서 정의를 실천하는 것입니다. 그런데 지금 이 웅장한 성전 앞에는 날 때부터 걷지 못해 일평생 걸인으로 산 사람이 있습니다. 가장 화려하고 웅장한 성전 앞에, 가장 성스러운 공간 앞에, 가장 비참하고 소외된 인간이 길바닥에 엎드려 있습니다. 수많은 사람이 하나님께 예배하기 위해 제물을 들고 성전에 들어갈 때, 그들과 함께 예배에 동참하는 대신, 그 앞에 엎드려 구걸해야 하는 비참한 인생입니다. 이처럼, 가장 거룩한 시공간에 가장 거룩한 사람들이 모일 때조차, 하나님의 뜻은 가장 철저하게 잊히고 외면됩니다.

하나님께서 예언자들을 통해 통렬하게 반복해서 선포했지만, 오늘도 이렇게 철저히 그 말씀이 거부되고 짓밟힙니다. 그래서 예루살렘 중앙에 건축된 성전이 아무리 웅장하고 거대해도, 그리고 이 성전을 찾는 사람들의 신앙이 아무리 돈독하고 수가 많아도, 이 불쌍한 사람 한 명을 어찌하지 못합니다. 거대하고 웅장한 성전 앞에서 초라한 인간의 존재는 철저히 가려지고, 수많은 사람의 물결 속에서 이 작은 사람은 완벽하게 잊힙니다. 결국, 본질을 상실하고 핵심을 간과한 종교는 아무리 화려한 성전과 신실한 신자들을 보유해도, 세상에서 가장 작고 연약한 사람 하나 구원하지 못하는 미신과 우상숭배로 전락할 뿐입니다.

타인을 바라보다

베드로가 요한과 더불어 그를 눈여겨보고 나서

다른 유대인들처럼, 제자들도 관행에 따라 성전으로 올라갔습니다. 수많은 사람이 떼를 지어 성전으로 몰려들었습니다. 10여 년 전, 저는 청년들과 중국 신장에 선교여행을 다녀온 적이 있습니다. 그 지역은 전통적으로 이슬람이 지배적인 종교입니다. 하루는 우루

무치 시가지를 방문했는데, 때마침 무슬림들의 기도 시간이 되었습니다. 수많은 사람이 거대한 물결을 이루어 모스크로 몰려갔습니다. 그야말로 장관이었습니다. 아마도 베드로와 요한이 기도 시간에 성전을 향해 걸어갈 때의 광경이 우루무치의 광경과 비슷하지 않았을까요? 수많은 사람이 경쟁하듯 떼를 지어 성전을 향해 몰려갔을 것입니다.

이런 상황에서 베드로와 요한은 같은 시공간에서 성전을 향해 분주히 움직이던 유대인들과 다른 모습을 보였습니다. 무엇보다, 두 사람은 그렇게 분주하고 정신없는 상황에서 자신을 애타게 바라보는 걸인을 발견하고 발걸음을 멈췄습니다. "베드로가 요한과 더불어 그를 눈여겨보고 나서."4 성전의 위용에 압도되고 거대한 군중 틈에서 떠밀리며, 무엇보다 정해진 기도 시간을 준수해야 한다는 의무감에 휩싸일 때, 주변의 사소한 일은 쉽게 눈에 들어오지 않습니다. 설령, 보았을지라도 계속 주목하는 것은 더욱 힘든 일입니다. 그래서 '바쁘고 분주하다'라는 것보다 더 현실적이고 그럴듯한 변명은 없습니다.

하지만 하나님 나라는 이 세상의 현실과 다릅니다. 주변 사람이 급하고 분주하다는 현실적인 이유로 외면했던 사람들을, 예수는 결코 외면하지 않으셨고, 그들의 신음과 절규를 직접 들으셨습니다. 무리에 둘러싸여 말씀을 전하시던 예수는, 그물 씻는 일에 몰두하여 자신에게 관심도 두지 않던 시몬에게 먼저 다가가셨습니다.

> 무리가 하나님의 말씀을 들으려고 예수께로 밀려왔을 때 예수
> 께서는 게네사렛 호숫가에 서 계셨다. 그가 보시니, 배 두 척
> 이 호숫가에 대어 있고, 어부들은 배에서 내려서, 그물을 씻고
> 있었다. 눅5:1-2

수많은 군중에 휩싸여 길을 가던 중, 자신의 이름을 목놓아 외치
는 바디매오의 절규를 예수께서 들으셨습니다. 제자들이 그를 꾸짖
으며 입을 막으려 하자, 예수께서 그의 소리를 직접 듣고 치유하셨습
니다.

> 그들은 여리고에 갔다. 예수께서 제자들과 큰 무리와 함께 여
> 리고를 떠나실 때에, 디매오의 아들 바디매오라는 눈먼 거지가
> 길가에 앉아 있다가 나사렛 사람 예수가 지나가신다는 말을
> 듣고 "다윗의 자손 예수님, 나를 불쌍히 여겨 주십시오" 하고
> 외치며 말하기 시작하였다. 그러자 많은 사람이 조용히 하라
> 고 그를 꾸짖었으나, 그는 더욱더 큰소리로 "다윗의 자손이여,
> 나를 불쌍히 여겨 주십시오" 하고 외쳤다. 예수께서 걸음을 멈
> 추시고, 그를 불러오라고 말씀하셨다. 그리하여 그들은 그 눈

먼 사람을 부르며 말하기를 "용기를 내어 일어나시오. 예수께서 당신을 부르시오" 하였다.막10:46-9

이런 예수의 삶은 제자들이 계승해야 할 신앙의 유산입니다. 오직 예수이기 때문에 가능했던 초자연적 행위가 아닙니다. 예수를 따르는 자라면 누구도 예외 없이 실천해야 할 삶의 양식이기에, 예수께서 제자들에게 반복해서 가르치고 명하신 것입니다.

대표적인 예가 선한 사마리아인의 비유입니다. 여리고로 내려가던 유대인이 강도를 만나 거의 죽게 되었을 때, 율법에 정통하고 성전예배를 주도하여 유대인들의 존경을 받던 제사장과 레위인은 이 불행한 사람을 외면했습니다. 하지만 그들이 경멸하던 사마리아인은 그를 발견하고 결정적인 도움을 주었습니다.

그러나 어떤 사마리아 사람은 길을 가다가, 그 사람이 있는 곳에 이르러, 그를 보고 측은한 마음이 들어서, 가까이 가서, 그 상처에 올리브 기름과 포도주를 붓고 싸맨 다음에, 자기 짐승에 태워서, 여관으로 데리고 가서 돌보아 주었다.눅10:33-4

이 말씀을 마치신 후, 예수께서 제자들에게 물으셨습니다. "너는 이 세 사람 가운데서, 누가 강도 만난 사람에게 이웃이 되어주었다고 생각하느냐?"[36]

그렇다면, 이 땅에서 하나님 백성이자 예수의 제자로 사는 삶의 첫걸음은 불행한 이웃을 발견하는 것입니다. 그들의 고통을 외면하지 않고, 그들의 비참한 현실에 주목하고, 그들의 신음과 탄식에 귀 기울이는 것입니다. 그런데 지금 예수께 직접 배웠고 성령을 통해 깨달은 제자들이 그토록 분주하고 소란스러운 성전 앞에서 아무도 주목하지 않는 걸인을 발견했습니다. 그저 우연히 눈에 보인 것이 아니라, 주목하여 바라본 것입니다. "베드로가 요한과 더불어 그를 눈여겨보고 나서." 예수님처럼, 그리고 선한 사마리아인처럼 말입니다.

말을 걸다

그에게 "우리를 보시오" 하고 말하였다. 행3:4

중세 교회가 죄인에게 내린 가장 무서운 벌은 '파문'이었습니다. 이 파문의 영어표현이 excommunication입니다. 대화의 단절입니다. 죄인과 말을 섞지 않겠다는 뜻입니다. 아무도 그와 말을 섞어선 안 된다는 것입니다. 파문당한 사람은 사후에 연옥에 갈 기회마저 박탈당하고 지옥에 떨어진다는 것이 당시의 통념이었습니다. 하지만 이 땅에서 사람들과 대화가 금지되어 아무도 말을 걸지 않는다면, 이미 그의 삶은 지옥일 것입니다. 감옥에 가두거나 멀리 유배를 보내는 것도 물리적으로 사람들과의 대화를 차단하는 조치이지요.

그런데 성경은 죽음, 죄, 고통, 눈물로 가득한 세상에서 삶의 동기와 동력을 상실한 채 현실을 지옥처럼 사는 사람들에게 '끊임없이 말을 거시는 하나님'을 언급합니다. 말씀하시는 하나님을 통해, 온갖 이유로 서로에게 파문을 선고하면서 겉으로는 살았으나 속으로는 이미 죽은 존재들 안에 생명의 싹이 움텄습니다. 생명의 물줄기가 솟구치고 생명의 기운이 천지로 퍼지었습니다. 그렇게 세상을 향한 하나님의 말씀은 창조의 동력이며 구원의 도구였습니다.

> 하나님이 말씀하시기를 "빛이 생겨라" 하시니, 빛이 생겼다.창
> 1:4

살인을 범한 후 세상을 피해 광야에 숨어 세월을 허송하던 늙은 모세에게 떨기나무에 불꽃으로 임하신 하나님이 말을 거셨습니다.

> 모세가 그것을 보려고 오는 것을 보시고, 하나님이 떨기 가운데서 '모세야, 모세야' 하고 그를 부르셨다. 모세가 대답하였다. '예, 제가 여기에 있습니다.'출3:4

죽은 **뼈**들로 가득 찬 골짜기에서, 하나님이 에스겔을 통해 **뼈**들에게 말씀하시자 사방에서 생기가 몰려와서 **뼈**들이 살아나고 막강한 군대로 일어섰습니다.

> 그때 그가 내게 말씀하셨다. "사람아, 너는 생기에게 대언하여라. 생기에게 대언하여 이렇게 일러라. 나 주 하나님이 너에게 말한다. 너 생기야, 사방에서부터 불어와서 이 살해당한 사람들에게 불어서 그들이 살아나게 하여라." 그래서 내가 명을 받은 대로 대언하였더니, 생기가 그들 속으로 들어갔고, 그래서 그들이 곧 살아나 제 발로 일어나서 서는데, 엄청나게 큰 군대였다. 겔37:9-10

이런 역사는 예수를 통해서도 지속하였습니다. 간음한 여인을 예수께 끌고 와서 돌로 처형하려는 흥분한 군중에게, 예수는 "너희 가운데서 죄가 없는 사람이 먼저 이 여자에게 돌을 던져라"라고 훈계하신 후, 겁에 질려 떨고 있는 여인에게 이렇게 말씀하셨습니다. "나도 너를 정죄하지 않는다. 가서, 이제부터 다시는 죄를 짓지 말아라." 요8:11 야곱의 우물가에선 여러 번 결혼했던, 그래서 사람을 피해 물을 길어올 수밖에 없었던 기구한 운명의 사마리아 여인에게 말씀하셨습니다. "내가 주는 물을 마시는 사람은 영원히 목마르지 않을 것이다. 내가 주는 물은 그 사람 속에서 영생에 이르게 하는 샘물이 될 것이다."요4:14 죽어 무덤에 누워있는 나사로를 향해 큰소리로 말씀하셨습니다. "나사로야, 나오너라."요11:43 예수께서 십자가에 달려 죽음에 이르렀을 때, 어머니 마리아에게 말씀하셨습니다. "여자여, 이 사람이 어머니의 아들입니다."요19:26 그리고 승천하시기 직전, 낙망하고 두려워하는 제자들을 향해서도 말씀하셨습니다. "너희는 예루살렘을 떠나지 말고, 내게서 들은 아버지의 약속을 기다려라. 요한은 물로 세례를 주었으나, 너희는 여러 날이 되지 않아서 성령으로 세례를 받을 것이다."행1:4-5

이제, 이런 성경의 전통이 사도들 안에서 재현되고 있습니다. 그들은 바쁘게 움직이는 분주한 군중 틈에서 구걸하는 걸인을 보았을 뿐 아니라, 그에게 다가가서 직접 말을 걸었습니다. 그 결과, 골고다 같은 세상에서 생명이 부활하기 시작했습니다. 시인 김춘수의 표현처럼 말입니다. "내가 그의 이름을 불러 주기 전에는 / 그는 다만 / 하나의 몸짓에 지나지 않았다. // 내가 그의 이름을 불러 주었을 때 / 그는 나에게로 와서 / 꽃이 되었다." 하나의 몸짓에 지나지 않았던 구걸하는 장애인에게 사도들이 말을 거는 순간, 그는 더 이상 흉물스런 "몸짓"이 아니라, 고결한 "꽃"이 되었습니다. 천지창조, 구원, 부활이란 종교적 표상이 담고자 했던 존재의 신비가 바로 이런 것이 아니었을까요? 언젠가 벌어질 우주적 격변뿐 아니라, 우리의 일상에서 기대하고 실천할 수 있는 소중한 기적이 아닐까요? 단절된 대화의 회복을 통한 생명의 창조, 구원, 그리고 부활 말입니다.

몸에 손을 대다

앉은뱅이의 오른손을 잡아 일으켰다. 행3:7

얼굴을 바라보고 말을 건 제자들은 이제 걸인의 손을 강하게 붙잡았습니다. 하지만 이렇게 사소해 보이는 제자들의 행동은 절대 사소하지 않았습니다. 당시 유대인들 사이에서 몸에 장애를 지닌 사람을 부정하게 생각하는 경향이 있었기 때문입니다. 이와 관련된 구약의 구절들을 살펴봅시다.

너는 아론에게 이렇게 말하여라. 대대로, 너의 자손 가운데서 몸에 흠이 있는 사람은 하나님께 음식 제물을 바치러 나올 수 없다. 몸에 흠이 있어서 하나님께 가까이 나아갈 수 없는 사람은, 곧 눈이 먼 사람이나, 다리를 저는 사람이나, 얼굴이 일그러진 사람이나, 몸의 어느 부위가 제대로 생기지 않은 사람이나, 팔다리가 상하였거나 손발을 다쳐 장애인이 된 사람이나, 곱사등이나, 난쟁이나, 눈에 백태가 끼어 잘 보지 못하는 사람이나, 가려움증이 있는 환자나, 종기를 앓는 환자나, 고환이 상한 사람들이다. 제사장 아론의 자손 가운데서 이처럼 몸에 흠이 있는 사람은, 누구든지 주께 가까이 나아와 살라 바치는 제사를 드릴 수 없다. 몸에 흠이 있는 사람은 하나님께 음식제물을 바치러 나올 수 없다. 그러나 그 사람도 하나님께 바친 음식, 곧 가장 거룩한 제물과 거룩한 일반제물을 먹을 수는 있다. 다만 몸에 흠이 있으므로, 그는 휘장 안으로 들어가거나 제단에 가까이 나아와, 내가 거룩하게 한 물건들을 더럽히는 일만은 삼가야 한다. 그것들을 거룩하게 한 이가 바로 나 주이기 때문이다.레21:17~23

너희는 어떤 것이든지, 흠이 있는 것을 바쳐서는 안 된다. 그런 것을 바치면, 주가 너희를 반기지 않을 것이다. 누구든지 서약한 것을 갚으려거나, 자유로운 뜻으로 제물을 바치려고 하여, 소 떼나 양 떼에서 제물을 골라 주에게 화목제물을 바칠 때에는, 주가 즐거이 받도록, 흠이 없는 것으로 골라서 바쳐야 한다. 제물로 바칠 짐승에 어떤 흠도 있어서는 안 된다. 눈이 먼 것이나, 다리를 저는 것이나, 어떤 부위가 잘린 것이나, 고름을 흘리는 것이나, 옴이 난 것이나, 종기가 난 것을 주에게 바쳐서는 안 된다. 그런 것들을 제단 위에다 놓고 불살라, 주에게 바

치는 제물로 삼아서는 안 된다.레22:20~22

　이런 레위기의 구절들은 정결과 거룩에 대한 율법의 원칙이 무엇인지 보여줍니다. 하나님은 완전하고 거룩하시므로, 그분 앞에 예배하는 제사장과 제물도 똑같이 완전하고 거룩해야 합니다. 따라서 레위기는 완전과 거룩에 대해 상세히 설명하고, 구체적인 실천사항도 제시합니다. 이런 규정 중에서 우리의 논의와 관련하여 주목할 항목이 있습니다. 바로 몸에 장애를 지닌 제사장과 제물에 관한 내용입니다.

　먼저, 레위기는 '장애가 있는 레위인은 제사에 참여할 수 없다'라고 천명합니다. "몸에 흠이 있는 사람은 하나님께 음식제물을 바치러 나올 수 없다."레21: 17 이 구절은 오늘날 많은 논란을 불러올 수 있습니다. 즉, 베드로서에 따르면 모든 성도가 왕 같은 제사장이고, 종교개혁 전통은 아예 '만인이 사제다'라고 선언합니다. 여기에는 육체적 장애에 관한 단서조항이 없습니다. 따라서 누구도 이 구절을 문자 그대로 현재 상황에 적용할 수 없고, 그렇게 해서도 안 됩니다. 그런데 문제는 레위기가 분명히 그렇게 규정하고 있다는 것입니다. 보다 구체적으로, 레위기는 "몸에 흠이 있는 사람"에 해당하는 경우를 열거합니다.

곧 눈이 먼 사람이나, 다리를 저는 사람이나, 얼굴이 일그러진 사람이나, 몸의 어느 부위가 제대로 생기지 않은 사람이나, 팔다리가 상하였거나 손발을 다쳐 장애인이 된 사람이나, 곱사등이나, 난쟁이나, 눈에 백태가 끼어 잘 보지 못하는 사람이나, 가려움증이 있는 환자나, 종기를 앓는 환자나, 고환이 상한 사람들이다.레21:18-20

이 목록은 다리를 저는 사람, 몸의 어느 부분이 제대로 생기지 않은 사람, 팔다리가 상하였거나 손발을 다쳐 장애인이 된 사람을 구체적으로 명시하고 있습니다. 이들은 사체를 만졌거나, 출산이나 월경, 혹은 피부병 등으로 부정해져서 일정한 격리 기간을 거친 후 제물을 드림으로써 회복될 수 있는 사람들이 아닙니다. 당대의 의학 수준으로는 선천적 혹은 후천적으로 팔다리에 장애를 입은 사람은 평생 그런 모습으로 살아야 했습니다. 따라서 이들은 영구적으로 제사에서 제외될 수밖에 없었을 것입니다.

그뿐만 아니라, 레위기는 하나님께 흠 있는 것을 제물로 바쳐선 안 된다고 엄중하게 규정합니다. "너희는 어떤 것이든지, 흠이 있는 것을 바쳐서는 안 된다. 그런 것을 바치면, 주가 너희를 반기지 않을 것이다."레22:20

이어서 흠 있는 제물에 관한 규정도 아론의 후손에 관한 규정처럼, 같은 원리와 목적에 따라 규정합니다. 완전하고 거룩한 하나님께 드리는 제물 역시 제사장과 마찬가지로 거룩해야 한다는 것입니다. 제물에 흠이 있어서는 안 되므로, 흠 있는 제물의 의미를 구체적인 예를 들어 설명합니다. "눈이 먼 것이나, 다리를 저는 것이나, 어떤 부위가 잘린 것이나, 고름을 흘리는 것이나, 옴이 난 것이나, 종기가 난 것을 주에게 바쳐서는 안 된다. 그런 것들을 제단 위에다 놓고 불살라, 주에게 바치는 제물로 삼아서는 안 된다."레22: 22

여기에 올라온 목록 중에도 "다리를 저는 것"이 있습니다. 주께 바치는 제물로 부적절하여 하나님이 거부하시는 제물입니다. 거룩하고 온전하신 하나님께 드려지는 제물도 동일하게 흠이 없고 온전해야 하므로, 흠이 있는 것은 아무리 크고 비싸도 제단에 제물로 올릴 수 없습니다.

그렇다면, 당시 유대인들은 다리를 저는 장애와 장애인에 대해 어떻게 생각하고 있었을까요? 이 맥락에서 흥미롭고 궁금한 것은, 율법에서 일반 장애인들에 대한, 특히 다리를 저는 장애·장애인들과 성전제사의 관계에 관한 규정이 없다는 사실입니다. 고아, 과부, 나그네를 사회적 약자로 규정하고 그들에 대한 관심과 배려를 촉구하는 규정은 구약성경 전체에서 수없이 등장합니다. 특히, 율법은 안식일의 기원과 의미, 실천사항을 상세히 설명할 때, 노예뿐만 아니라 짐승들에게도 휴식을 보장하라고 명시합니다. 이런 규정들은 당시뿐 아니라 현대적인 기준으로도 매우 발전되고 혁신적인 정신이요 제도입니다. 반면, 그런 규정들에 비해 장애인들에 대한 언급은 거의 나타나지 않습니다. 그들에 관한 관심이나 배려, 혹은 보호 장치에 관한 규정을 좀처럼 찾을 수 없습니다. 오히려 예수 시대의 사람들은 장애를 죄와 연결하여 매우 부정적으로 생각했던 것 같습니다. 예를 들어, '선천적 장애인의 비극적 현실은 누구의 죄 때문이냐'고 제자들이 물었을 때, 예수께서 이런 통념에 강력히 반대하셨습니다.요9:1~3 이 이야기를 통해, 우리는 당시에도 사람들이 장애를 죄의 결과로 생각했다고 짐작할 수 있습니다. 즉, 당시 사람들은 장애인을 죄인으로, 장애를 죄의 결과라고 믿었던 것입니다. 아마도, 이런 통념은 다리 저는 레위인과 다리 저는 제물에 대한 율법의 부정적 규정에 영향받은 것으로 추측됩니다.

하지만 성서에는 이런 율법과 통념을 극복하고, 부정한 육체를 고치고 살리기 위해, 흠이 있는, 심지어 부정한 육신에 손을 댄 경우도 여러 차례 나옵니다. 예를 들어, 창조주께서 흙으로 사람을 지으시고, 그의 갈비뼈로 여인을 만들었다는 창세기의 기록은 물질과 육체를 혐오했던 그리스 철학자들이나 영지주의자들과는 근본적으로 다른 인간관, 신관, 세계관을 보여줍니다. 엘리야가 죽은 아이를 자기 몸으로 덮어 살렸다는 기록왕상17장, 예루살렘 성전에서 스랍들이 제단 숯불로 부정한 이사야의 입술을 정결케 했다는 기록사6장, 그리고 예수께서 나병 환자를 직접 손으로 만지며 고치셨다는 기록^{눅5장}은 부정하고 위험한 육체와 물질을 거리낌 없이 만지면서 온전케 한 대표적인 예입니다. 안식일에 병자를 고치시며, "안식일이 사람을 위하여 생긴 것이지 사람이 안식일을 위하여 생긴 것이 아니다."^{막2:27}라고 예수께서 선언하신 것은 기존의 통념을 정면으로 거부하신 것입니다. 물론, 그런 행동은 오랫동안 위험하고 불온한 것으로 경계와 비난의 대상이 되었지만 말입니다.

이런 상황에서 베드로와 요한이 하반신 장애인에게 다가가 "오른손을 잡아" 일으켰습니다. 이제, 제자들도 성령의 인도와 예수의 선례를 따라, 세상의 관습과 통념, 사람들의 눈길과 평가보다, 불치병으로 절망에 빠진 '인간'에게 먼저 주목하고, 기꺼이 그들의 몸에 손을 대기 시작한 것입니다.

결국, 병들고 뒤틀린 육신을 가진 사람에게 손을 대는 것은 인류가 온갖 이념과 철학, 종교의 이름으로 규정하고 정당화한 혐오와 차별과 배제의 경계를 지우고 장벽을 허무는 일입니다. 동시에, 그들도 우리와 같은 존재임을 승인하고, 동등한 인격체로서 연대한다는 뜻입니다. 이런 타락한 세상의 부당하고 불의하고 부조리한 것들을 온몸으로 거부하고 저항한다는 의지의 표명입니다. 그렇게 제자들은 스승 예수의 뜻을 올바로 이해하고 그의 가르침을 온전히 실천했습니다.

예수를 신뢰하다

베드로가 말하기를 "은과 금은 내게 없으나, 내게 있는 것을 그대에게 주니, 나사렛 예수 그리스도의 이름으로 일어나 걸으시오" 하고 행3:6

이 선언은 충격적입니다. 베드로를 포함한 제자들은 예수를 만난 후 그물과 배를 버리고 따랐습니다. 하지만 제자들은 예수를 따르면서도 이 땅에서 부귀영화를 꿈꾸었던 것 같습니다. 은 30냥에 스승 예수를 팔아넘겼던 가룟 유다처럼, 제자들도 이런 유혹에서 완전히 벗어났다고 말할 수 없습니다. 예수를 따르고 싶었던 부자 청년이 자신의 재산을 버리고 따르라는 예수의 말씀을 듣고 끝내 따르지 못했을 때, 예수는 부자가 천국에 가는 것이 낙타가 바늘귀를 통과하기보다 어렵다고 말씀하셨습니다. 그러자 제자들은 매우 놀라서, "그러면 누가 구원을 받을 수 있겠습니까?"라고 물었습니다. 제자들이 그 청년과 같은 생각을 품고 있었다는 증거입니다.

그런데 성령을 통해 예수를 재발견한 베드로와 제자들은 다시는 예수와 재물 사이에서 흔들리지 않게 되었습니다. 이제야 비로소 금과 은 앞에서 예수에 대한 믿음을 버리지 않게 된 것입니다. 그들은 성령 안에서 우상 맘몬과 구주 예수를 분명히 구별할 수 있는 분별력과 주저 없이 예수를 선택할 수 있는 당찬 믿음을 얻었습니다. "은과 금은 내게 없으나, 내게 있는 것을 그대에게 주니, 나사렛 예수 그리스도의 이름으로 일어나 걸으시오." 이것은 "사람이 빵으로만 살 것이 아니라, 하나님의 입에서 나오는 모든 말씀으로 살 것이다"마4:4라는 예수의 선언, "나의 주 예수 그리스도를 아는 지식이 가장 고귀하므로, 나는 그 밖의 모든 것은 해로 여깁니다"빌3:8라는 바울의 고백과 맥을 같이 하는 숭고한 발언입니다.

이처럼 제자들은 예수의 가치를 분명하게 인식하기 시작했을 뿐만 아니라, 그분의 능력도 깊이 신뢰하게 되었습니다. 사실, 베드로는 예수를 처음 만났을 때, 이런 모습을 보였습니다. 갈릴리 해변에서 예수를 만났을 때, 베드로는 예수와 함께 호수 깊은 곳으로 배를 저어 나갔습니다. 깊은 곳에 이르자 예수께서 베드로에게 그물을 던지라고 명령하셨습니다. 그런데 그런 예수의 명령은 비현실적인 소리였습니다. 왜냐하면, 전문적인 뱃사람 베드로도 밤이 새도록 그물을 던졌지만 한 마리도 잡지 못했기 때문입니다. 그 바다에 대해 오랜 경험과 지식을 갖고 있던 그가 실패했다면, 이제 그물을 던지는 것은 무의미하고 어리석은 짓입니다. 그런데 그런 상황에서 베드로는 뜻밖의 행동을 합니다.

시몬이 대답하기를 "선생님, 우리가 밤새도록 애를 썼으나, 아

무것도 잡지 못했습니다. 그러나 선생님의 말씀에 따라 그물을 내리겠습니다" 하였다. 눅5:5

　이 장면은 베드로의 생애에서 가장 극적이고 결정적인 순간입니다. 어떻게 그럴 수 있었을까요? 어떻게 자신의 오랜 경험과 지식, 그리고 지난밤의 실패에 대한 생생한 기억에도 불구하고, 생면부지 성경 선생의 말을 믿고 그물을 던질 수 있었을까요? 그야말로 '신비' mystery입니다. 그런데 바로 그런 절대적인 신뢰 속에서 그물을 던지자, 상상할 수 없는 일이 벌어졌습니다. 그물이 찢어질 정도로 많은 고기가 잡혀, 근처에서 고기를 잡고 있던 지인들까지 달려와서 도와줘야만 했던 것입니다.

　하지만 이후, 베드로의 삶에서 예수에 대한 이런 신뢰와 그로 인한 기적은 찾아볼 수 없습니다. 빛바랜 스냅사진처럼, 한때의 아련한 추억으로 남아 있을 뿐입니다. 예수께서 베드로와 함께 변화산에서 내려오셨을 때, 귀신들려 고통받던 아이를 남아있던 제자들이 고치기 위해 애쓰고 있었지만, 아무 소용이 없었습니다. 이때 예수께서 제자들의 믿음 없음을 책망하셨습니다. "아, 믿음이 없는 세대여, 내가 언제까지 너희와 함께 있어야 하겠느냐? 내가 언제까지 너희에게 참아야 하겠느냐?" 막9:19 이 비판을 베드로도 피할 수 없었을 것입니다.

그런데 오늘 베드로의 모습은 달랐습니다. 갈릴리에서 예수를 처음 만났을 때처럼, 베드로가 예수를 절대적으로 신뢰한 것입니다. 이런 베드로의 모습에 근거해서, 슐라이에르마허가 종교의 본질을 "절대 의존의 감정"으로 이해했던 것은 아니었을까요?

은과 금은 내게 없으나, 내게 있는 것을 그대에게 주니, 나사렛 예수 그리스도의 이름으로 일어나 걸으시오!

그렇게 치유 불가능한 장애인 앞에서 예수를 절대적으로 신뢰하면서 그의 손을 잡아 일으키자, 갈릴리 호수의 기적이 다시 한번 재현되었습니다. 그 장애인에 대한 진심 어린 동정compassion이 그의 손을 잡게 했고, 예수에 대한 절대적 신뢰confidence가 예수의 이름을 부르게 한 것입니다. 그렇게 하나님에 대한 사랑과 이웃에 대한 사랑이 이 소자를 향한 베드로의 마음과 몸짓 속에 결합하는 순간, 거대한 영적 폭발이 일어났습니다. 바로 그때, 오병이어 위에 역사하셨던 하나님의 능력과 은총이 그 장애인에게 다시 한번 부어졌습니다. 소년이 바친 오병이어가 5천 명을 먹이듯이, 이 불치의 장애인이 벌떡 일어나 걷기 시작했습니다.

마트를 변화시킨 할머니

미국의 저명한 종교사회학자 제임스 헌터James D. Hunter는 그의 책 『기독교는 세상을 어떻게 변화시키는가』에서 현재 미국 교회와 신학에서 유행하는 다양한 흐름을 소개했습니다. 그리고 이것들을 차례로 분석·비평한 후, '신실한 현존의 신학'을 이 시대 그리스도교 신학과 실천의 대안으로 제시했습니다. 즉, 그리스도교가 이 세상을 변화시키는 것은 어떤 운동이나 정치를 통해서가 아니라 그리스도인이 각자의 지위와 영역에서 하나님의 현존, 즉 하나님의 통치를 몸으로 살아냄으로써 가능하다는 것입니다.

> 결국, 신실한 현존의 실천은 언약적인 관계와 제도를 만든다. 이것들은 의미와 목적과 소속감을 육성하는 공간을 만들고, 그렇게 함으로써 이런 관계와 제도는 현대세계에 고유한 특징이라 할 수 있는 도구화에 저항한다.[4]

그러면서 그는 자신의 주장에 대한 구체적인 예들을 제시합니다. 그가 제시하는 다양한 조직과 프로젝트는 매우 흥미롭고 감동적입니다. 이어서 헌터는 다음의 이야기를 소개합니다. 저는 '하나님의 현존의 신학'에 대한 헌터의 정밀한 분석과 웅변적인 주장에 깊이 공감하고 도전을 받았는데, 무엇보다 다음의 이야기가 제게 가장 큰 울림을 주었습니다. 세상 한복판에서 성령과 함께 그의 나라를 이루어가는 그리스도인의 삶이 어떠해야 하는지, 그것이 아무리 작고 소박할지라도 궁극적으로 우리 삶에 어떤 변화와 창조를 가능하게 하는지, 단순하지만 분명하게 보여주는 이야기입니다.

그녀는 마트 계산대에서 물건값을 계산하고 식료품을 봉투에 담는 일을 한다. 그녀가 가진 영향력의 반경은 고작 한 평이 채 안 되었다. 매일 그녀는 손님의 이름을 기억하고 가족의 안부를 물어보면서 정말 열정을 다해 손님들을 맞았다. 그녀는 모든 대화를 그들의 가족을 위해 기도하겠다는 말로 끝냈다. 시간이 흐르자 이것이 문제가 되었다. 왜냐하면, 사람들이 그녀가 있는 계산대로만 가려 했고 그 결과, 그녀가 담당하는 계산대 앞에만 긴 줄이 생긴 것이다. 하지만 사람들은 기다렸다. 그들은 그녀의 존재만으로도 위로를 받았기 때문에, 그녀와 함께 있는 것을 즐겼다. 그녀가 은퇴하고 수년 후에 그녀의 장례식에 참석하는 사람들로 교회가 가득 찼고, 그녀가 오랫동안 용기를 주었던 사람들이 끝없이 조사□□를 했다.[5]

제7장 ■ 하나님 나라

　예수의 재림 때에, 하나님 나라는 이 땅에서 완성될 것입니다. 하지만 그전까지 교회는 성령 안에서 그 나라를 증거하고 실현하기 위해 최선을 다해야 합니다. 물론, 그런 노력은 매우 제한적이고 불완전할 수밖에 없습니다. 하지만 성령의 역사와 제자들의 순종을 통해, 죄와 타락으로 무너진 세상이 회복될 수 있습니다. 병든 육신이 치유되고, 죽은 믿음이 살아납니다. 개인이 살아나면서 주변 사람들도 다시 살고, 공동체가 회복됩니다. 탄식과 신음, 눈물과 절규로 가득했던 지옥 같은 삶이 찬송과 감탄, 웃음과 감사가 넘치는 천국으로 역전됩니다. 그렇게 이 땅에 하나님의 뜻이 이루어지면서 그의 나라가 확장됩니다. 성전 미문 앞에서, 우리는 그 현장을 목격할 수 있습니다.

몸이 다시 살다

그래서 나는 명을 받은 대로 대언하였다. 내가 대언을 할 때에 무슨 소리가 났다. 보니, 그것은 뼈들이 서로 이어지는 요란한 소리였다. 내가 바라보고 있으니, 그 뼈들 위에 힘줄이 뻗치고, 살이 오르고, 살 위로 살갗이 덮였다. 그러나 그들 속에 생기가 없었다. 그 때에 그가 내게 말씀하셨다. "사람아, 너는 생기에게 대언하여라. 생기에게 대언하여 이렇게 일러라. 나 주 하나님이 너에게 말한다. 너 생기야, 사방에서부터 불어와서 이 살해당한 사람들에게 불어서 그들이 살아나게 하여라." 그래서 내가 명을 받은 대로 대언하였더니, 생기가 그들 속으로 들어갔고, 그래서 그들이 곧 살아나 제 발로 일어나서 서는데, 엄청나게 큰 군대였다. 겔37:7-10

이 환상은 죽은지 오래되어 말라버린 뼈들이 하나님의 기운으로 다시 살아나는 모습을 생생하게 묘사합니다. 하나님의 생기가 들어가자 뼈들이 살아났습니다. 그리고 "제 발로 일어나서" 엄청나게 큰 군대가 되었습니다. 물론, 이 환상은 제국의 침입으로 멸망한 이스라엘 민족을 향한 하나님의 예언이자 언약입니다. 에스겔의 환상에서 이스라엘은 마치 골짜기에 널려 있던 시체들의 마른 뼈와 같았습니다. 거대한 제국의 무시무시한 폭력 앞에 힘없이 무너진 이스라엘의 비참하고 절망적인 현실입니다. 하지만 창조주의 사랑과 생명은 제국의 파괴력과 육체적 죽음보다 더 강력합니다. 창조주의 권능이 뼈들에게 임할 때, 그것들은 다시 벌떡 일어나 자신들의 발로 당당히 설 것이며, 제국과 죽음의 세력에 대항할 거대하고 강력한 군대로 살아갈 것입니다.

이 환상은 지금 성전 미문에서 벌어진 기적과 본질에서 유사합니다. 길가에서 구걸하며 살던 선천적 장애인의 현실이 에스겔서에서 묘사하는 마른 뼈들과 비슷하지 않을까요? 비록 그가 사람으로 태어났지만, 그것도 하나님께 선택받은 이스라엘 백성으로 태어났지만, 불행히도 몸에 치명적인 장애가 있었습니다. 이런 신체적 결함은 그의 존재와 삶을 골짜기에 쌓여 있는 "마른 뼈"로 뒤틀어버렸습니다. 생물학적·법적으로는 엄연히 살아 있지만, 종교적·사회적으로는 죽은 사람과 다르지 않았기 때문입니다.

보통 사람들에게는 일상적인 삶과 활동이 그에게는 하나같이 불가능하거나 지극히 어려운 꿈이었습니다. 할 수 있는 것이 거의 없었습니다. 소소한 일상생활뿐 아니라, 직업이나 결혼도 온갖 장애물에 가로막혔습니다. 생존을 위해 행인들에게 구걸해야 했으며, 구걸을 위해서도 누군가의 도움에 절대적으로 의존해야 했습니다. 그야말로, 하나부터 열까지 타인의 도움 없이 살 수 없는 비참한 존재였습니다. 그의 존재는 자신에게 참담한 비극이요, 주변인들에게는 심각한 부담과 불편이었습니다. 살아 있으나 살았다고 말할 수 없는 삶, 어떤 변화도 기대할 수 없는 삶, 키르케고르의 표현처럼 "죽음에 이르는 질병"에 걸린 절대적인 절망의 삶, 그래서 본인이나 타인이 그를 위해 기대할 수 있는 신의 궁극적인 자비는 하루라도 빨리 그의 삶이 끝나는 것뿐이라고 생각했을지 모르는 삶, 그것이 구걸하는 장애인의 삶입니다.

그런데 그의 삶에 믿을 수 없는 기적이 일어났습니다. 한 번도 버리지 못했던 꿈, 정말 꿈이나 공상으로는 가능했지만, 현실적으로는 절대 불가능했던 일이 지금 그에게 현실이 되어 나타난 것입니다. 예수의 제자들이 그의 때묻은 손을 붙잡고 예수의 이름으로 일어나 걸으라 외치며 그를 일으켰을 때, 상상마저 초월한 일이 그의 저주받은 육신에 일어난 것입니다.

> 그는 즉시 다리와 발목에 힘을 얻어, 벌떡 일어나서 걸었다. 걷기도 하고 뛰기도 하며행3:7-8

죽었던 뼈들이 다시 살아나서 군대가 되었듯이, 이 비참한 장애인이 생애 처음으로 자기 발로 일어섰습니다. 걸었습니다. 뛰었습니다. 스스로 걸을 수 없었기에 인간이지만 인간으로 대접받지 못했고,

살았으나 산 것이 아니었던 그가, 마침내 장애의 사슬을 끊고 건강한 인간으로 우뚝 선 것입니다. 이렇게 그의 몸이 회복되면서, 그의 존재 자체도 근원적으로 회복되었습니다. 그가 다시 살아난 것입니다. 성령의 역사와 형제애가 만들어낸 또 하나의 기적이었습니다.

하나님을 찬양하다

하나님을 찬양하면서 행 3:8

선천적 장애를 입고 태어난 한 아기가 있었습니다. 신체적 장애 자체가 안겨준 불편과 고통은 더 이상의 설명이 필요 없을 정도로 자명했습니다. 동시에, 그 장애가 초래한 사회적 냉대와 차별은 육체적 불편과 고통 못지않게 견디기 힘든 형벌이었습니다. 거기에 더해서, 종교적인 장벽이 있었습니다. 장애에 대한 율법적 금기와 유대 사회의 오랜 종교적 편견은 그의 삶을 성전 안에서 기도하는 사람 대신, 성전 밖에서 구걸하는 사람으로 결정지었습니다. 그 결과, 언제부터인지 그리고 언제까지일지 모르는 성전 앞 구걸 행위가 시작되었습니다. 그렇다면 장엄한 성전 앞에서 기도하러 오는 사람들에게 구걸하며, 비굴과 수치, 냉대와 조롱, 배제와 혐오의 대상으로 앉아 있으면서, 그는 매 순간 무슨 생각을 했을까요? 모두에게 허용된 구원에서 배제된 유일한 죄인의 심정은 어떠했을까요? 성전 밖으로 들려오는 기도와 찬양 소리를 들으면서, 제단에서 소각되는 제물들의 냄새를 맡으면서, 그는 성전, 제사, 기도, 유대민족, 하나님에 대해 무슨 생각을 했을까요? 분명히, 그것은 하나님을 향한 뿌리 깊은 분노와 원망이었을 것입니다.

애굽을 탈출한 후 신광야에 도착한 이스라엘 민족은 먹을 것이 부족해지자 즉각 모세와 아론에게 항의하고 하나님을 원망했습니다. 애굽에서 하나님의 10가지 재앙을 함께 목격했고, 홍해가 갈라지는 것도 함께 경험했지만, 음식이 부족해지자 바로 원망과 탄식을 쏟아낸 것입니다.

이스라엘 자손이 그들에게 항의하였다. "차라리, 우리가 이집트 땅, 거기 고기 가마 곁에 앉아 배불리 음식을 먹던 그 때에, 누가 우리를 주의 손에 넘겨 주어서 죽게 했더라면 더 좋을 뻔하였다. 그런데 너희들은 지금, 우리를 이 광야로 끌고 나와서, 이 모든 회중을 다 굶어 죽게 하고 있다." 출16: 3

하나님의 사람 다윗도 자신의 삶이 위기에 처하고 하나님의 침묵이 길어지자, 하나님께 원망과 탄식의 노래를 토해냈습니다.

주님, 어찌하여 주께서는 그리도 멀리 계십니까? 어찌하여 주께서는 우리가 고난을 받을 때에 숨어 계십니까? 시10:1

동방의 의인으로 하나님의 자랑거리였던 욥도, 이해할 수 없는 재난과 고통이 밀려오자 자신의 존재 자체를 부정하고 저주했습니다. 자기를 낳은 부모와 이런 현실을 허락한 하나님을 원망하면서 말입니다.

어찌하여 하나님은, 고난당하는 자들을 태어나게 하셔서 빛을 보게 하시고, 이렇게 쓰디쓴 인생을 살아가는 자들에게 생명을 주시는가? 이런 사람들은 죽기를 기다려도, 죽음이 찾아와 주지 않는다. 그들은 보물을 찾기보다는 죽기를 더 바라다가 무덤이라도 찾으면 기뻐서 어쩔 줄 모르는데, 어찌하여 하나님은 길 잃은 사람을 붙잡아 놓으시고, 사방으로 그 길을 막으시는가? 밥을 앞에 놓고서도, 나오느니 탄식이요, 신음 소리 그칠 날이 없다. 욥3:20-24

심지어, 예수마저 광분한 군중의 저주와 욕설, 제자들의 비열한 배반, 그리고 로마 군대의 잔인한 고문과 폭력이 지속하는 과정에서 끝까지 침묵하시는 하나님을 향해 분노와 원망을 토해내셨습니다.

세 시쯤에 예수께서 큰소리로 부르짖어 말씀하시기를 "엘리 엘리 라마 사박다니?" 하셨다. 그것은 "나의 하나님, 나의 하나님, 어찌하여 나를 버리셨습니까?" 하는 뜻이다.

이처럼 일시적인 고통이나 불행한 사건, 억울한 상황 앞에서 인간은 신앙의 여부나 은혜 체험의 정도, 심지어 사회적 지위나 명성과도 상관없이, 자신의 처지를 비관하고 하나님을 원망합니다. 인간의 한계이자 실체입니다. 따라서 이 성전 미문 앞에서 걸인으로 살아가며 온갖 조롱과 혐오의 대상이 되었고, 성전 문 앞에서 박대와 소외를 당해왔던 장애인도 다르지 않았을 것입니다.

그런데 그에게 성령의 은혜가 임했습니다. 제자들의 사랑을 체험했습니다. 그러자 다리에 힘이 들어가기 시작했고, 자신도 모르게 벌떡 일어섰습니다. 한 걸음 두 걸음 걷기 시작하더니, 마침내 뛰기까지 했습니다. 그 순간, 자신도 모르게 입을 열어 외쳤습니다. 공포와 희열이 뒤섞인 목소리는 심하게 떨렸지만, 그는 온 힘을 다해 소리쳤습니다. "할렐루야! 할렐루야! 할렐루야!" 그의 외침과 찬양은 다윗의 위대한 찬양의 재현입니다.

할렐루야. 성소에서 하나님을 찬양하여라. 하늘 웅장한 창공에서 찬양하여라. 주님이 위대한 일을 하셨으니, 주님을 찬양하여라. 주님은 더없이 위대하시니, 주님을 찬양하여라. 나팔 소리를 울리면서 주님을 찬양하고, 비파와 수금을 타면서 주님을 찬양하여라. 소고 치며 춤추면서 주님을 찬양하고, 현악을 뜯고 퉁소를 불면서 주님을 찬양하여라. 오묘한 소리 나는 제금을 치면서 주님을 찬양하고, 큰소리 나는 제금을 치면서 주님을 찬양하여라. 숨 쉬는 사람마다 주님을 찬양하여라. 할렐루야.시150:1-6

그의 죽은 영혼, 부서진 존재가 다시 살아나면서 터져나온 찬양은 사도 요한이 환상 중에 목격한 천상의 찬양, 바로 그것과도 같았습니다.

나는 또 하늘과 땅 위와 땅 아래와 바다에 있는 모든 피조물과, 또 그들 가운데 있는 만물이, 이런 말로 외치는 소리를 들었습니다. "보좌에 앉으신 분과 어린 양께서는 찬양과 존귀와 영광과 권능을 영원무궁하도록 받으십시오." 그러자 네 생물은 "아멘!" 하고, 장로들은 엎드려서 경배하였습니다. 요5:13-14

앞에는 홍해가 가로막고 뒤에는 이집트 군대가 밀려오는 사면초가의 상황에서 극적으로 구조된 후, 미리암은 여인들과 춤을 추며 하

나님을 찬양했습니다. "주님을 찬송하여라."출15:21 민족의 상징인 법
궤가 다시 예루살렘으로 돌아올 때, 다윗은 성가대 앞에서 옷이 벗겨
지는 줄도 모르고 하나님을 찬양했습니다.삼하6:12-15 결혼 전 임신 소
식을 듣고 두려움에 떨던 마리아는 그 아기가 바로 인류의 메시아라
는 소식을 듣고 하나님을 찬양했습니다. "내 영혼이 주님을 찬양하
며."눅1:46

이처럼, 절체절명의 위기에서 하나님을 만난 사람들은, 예외 없
이 자신의 감정을 주체하지 못하고 온몸과 온 맘을 다해 하나님을 찬
양했습니다. 하나님을 만났기 때문입니다. 하나님의 권능을 통해 은
혜와 구원을 누렸기 때문입니다. 그렇게 하나님의 백성으로 거듭났
기 때문입니다. 이처럼, 하나님 백성의 일차적인 특징은 하나님을 찬
양하는 것입니다.

따라서 그 장애인이 하나님을 찬양했다는 것은 그가 살아났다는
강력한 증거입니다. 그의 육신뿐 아니라 그의 영혼이, 그야말로 그
의 전 존재가 회복되었다는 명백한 증거입니다. 그러므로 "사람의 첫
째 되는 목적은 하나님을 영화롭게 하는 것과 그를 즐거워하는 것이
다."라는 《웨스트민스터 소요리문답》의 첫 번째 답변은 핵심을 정확
히 찌른 것입니다.

삶이 회복되다

그들과 함께 성전으로 들어갔다. 행3:8

베드로와 요한이 성전 미문 앞에서 만난 이 장애인은 성전, 즉 이스라엘이 우주의 중심이란 증거이자 이스라엘과 하나님을 연결하는 구원의 현장으로부터 철저히 분리된 존재였습니다. 엄연히 이스라엘 백성으로 태어났고 매일 성전 곁에 머물렀지만, 그는 성전과 철저히 분리되고 성전을 출입하는 사람들로부터 완전히 소외되어 살았습니다. 그의 신체적 결함, 사회적 금기, 문화적 편견 때문에, 그의 걸음은 성전 문 앞에서 멈추어야 했습니다. 남들은 아무런 방해나 어려움 없이 너무나 쉽고 당당하게 들어가는 성전에, 그는 결코 들어갈 수 없었습니다. 그런 생각이나 시도 자체가 불가능했습니다. 대신, 성전 문 앞에 앉아 성전을 출입하는 사람들을 구경하며 그들에게 구걸해야 했습니다. 따라서 그는 성전 안에서 벌어지는 일에 한 번도 당당하게 참여하지 못했고, 그래서 단 한 번도 하나님의 백성으로서 특권을 누리거나 책임을 다하지 못했습니다. 그 단절과 배제의 세월이 너무 오래되었고, 그런 분리와 소외의 삶이 어느덧 익숙해져서, 이제는 어떤 기대도 더 이상의 원망도 사라진 지 오래되었습니다. 결국, 그는 이스라엘 백성도, 하나님의 백성도 아니었던 것입니다.

그렇게 비극적인 운명의 주인공인 이 남자가 성령 충만한 예수의 제자들을 만난 후, 놀라운 변화들이 연속해서 발생했습니다. 태어나서 처음 일어나 걸었습니다. 그의 육신이 치유된 것입니다. 이어서 하나님을 찬양했습니다. 신앙이 생긴 것입니다. 그리고 이제 제자들과 함께 성전으로 들어갔습니다. 마침내, 하나님께 예배하는 자로, 진정한 이스라엘로 거듭난 것입니다. 그와 하나님 사이를 가로막았던 성전 벽이 허물어진 것입니다. 예수께서 헤롯 성전을 허물고 다시 짓겠다고 하신 것이 바로 이런 이유와 목적 때문이 아니었을까요?

하지만 이 땅에서 하나님의 현존을 가장 분명하게 계시하는 공간이며, 선민으로서 이스라엘의 정체성이 가장 강력하게 입증되는 현장인 성전 앞에서, 사회적 약자들에게 공의와 정의를 행하라는 하나님의 뜻은 철저하게 잊히고 무시되었습니다. 하나님의 자비와 긍휼의 일차적 대상들이 세상의 온갖 차별과 배제, 혐오의 장벽 때문에, 그 은총과 축복의 자리에 접근조차 할 수 없었던 것입니다. 결국, 그들도 이방 나라에서 노예와 이방인으로 살았던 치욕스러운 역사를 기억하고, 모든 종류의 사회적 약자를 돌보며 더불어 살라고 하는 하나님의 율법이 가장 잔인하게 폐기되었던 현장이 바로 성전 문 앞이었던 것입니다.

이런 불행한 현실은 성전을 약탈하고 파괴했던 아시리아, 바빌로니아, 페르시아, 그리스, 로마 같은 이방인들의 비인간적인 만행 때문이 아닙니다. 하나님의 은혜로 이집트를 탈출하고, 바빌론 강가에서 돌아와 국가와 성전을 재건했던 이스라엘 안에서 동족을 차별하고 배제한 결과입니다. 그래서 이 장애인에게 예루살렘 성전은 홍해보다 더 넓고 깊으며, 여리고 성벽보다 높고 단단하며, 이집트 전차부대와 로마의 십자가보다 무섭고 두려운 존재였습니다. 그런데 지금 그의 눈앞에서 거대한 홍해가 갈라졌습니다. 웅장한 여리고 성이 무너졌습니다. 그를 위협하던 이집트 군대가 궤멸하고, 흉측한 십자가가 뿌리째 뽑혔습니다.

지난 세월 자신을 짐승처럼 취급하던 사람들 사이에서, 처음으로 자신과 눈을 마주치고 자신에게 따뜻하게 말을 걸어주고 만져준, 무엇보다도 나사렛 예수를 알려준 사람들과 함께 이 장애인이 마침내 성전 안으로 당당히 걸어 들어갔습니다. 지금까지 그의 다리에 장애가 있다고, 그가 걸인이라고 경멸하고 무시하며 꺼리던 사람들이 이제는 더는 그를 무시할 수 없었습니다. 이제는 그들과 함께 하나님 성전, 만민의 기도하는 집에서 마음껏 찬양하고 기도하고 예배할 수 있었습니다. 이것이 바로 이사야가 꿈꾸던 하나님 나라가 아닐까요? 주의 영이 임하여 이 땅의 가난한 자와 억울한 자가 정의롭고 바르게 재판을 받고, 잔인한 자와 사악한 자가 정당하게 심판받는 세상, 그래서 강자와 약자, 갑과 을, 위와 아래, 일등과 꼴찌가 더불어 사는 공정하고 평등한 세상이, 비록 개인적이고 여전히 불완전하지만, 이 땅에서 구체적이고 가시적으로 실현된 것이 아닐까요? 할렐루야!

> 그 때에는, 이리가 어린 양과 함께 살며, 표범이 새끼 염소와 함께 누우며, 송아지와 새끼 사자와 살진 짐승이 함께 풀을 뜯고, 어린아이가 그것들을 이끌고 다닌다. 암소와 곰이 서로 벗이 되며, 그것들의 새끼가 함께 누우며, 사자가 소처럼 풀을 먹는다. 젖먹는 아이가 독사의 구멍 곁에서 장난하고, 젖뗀 아이가 살무사의 굴에 손을 넣는다. 사11:6-8

이 순간이야말로, 아흔아홉 마리의 양들을 뒤에 두고 광야와 수풀을 뒤지던 목동이 잃어버린 어린 양을 찾은 순간이 아닐까요? 잃었던 아들이 다시 돌아왔을 때, 문밖까지 달려나가 죽었던 자식이 살아 돌아왔다며 잔치를 벌이는 아버지처럼, 하나님이 가장 기뻐하시는 순간이 아닐까요? 이 순간이야말로, 이 땅을 지배하는 것처럼 보였던 악한 영과 공중의 권세 잡은 자들, 거대한 성 바빌론이 하나님의 권세 아래 힘없이 무너지는 순간이 아닐까요? 그래서 요한이 환상 중에 보았던 마지막 시간, 하나님 나라, 새 하늘과 새 땅이 실현되는 그 날도 이와 같지 않을까요?

나는 새 하늘과 새 땅을 보았습니다. 이전의 하늘과 이전의 땅이 사라지고, 바다도 없어졌습니다. 나는 또, 거룩한 도시 새 예루살렘이 남편을 위하여 단장한 신부와 같이 차리고, 하나님께로부터 하늘에서 내려오는 것을 보았습니다. 그 때에 나는 보좌에서 큰 음성이 울려 나오는 것을 들었습니다. "보아라, 하나님의 집이 사람들 가운데 있다. 하나님께서 그들과 함께 계실 것이요, 그들은 하나님의 백성이 될 것이다. 하나님께서는 친히 그들과 함께 계시고, 그들의 눈에서 모든 눈물을 닦아 주실 것이니, 다시는 죽음이 없고, 슬픔도 울부짖음도 고통도 없을 것이다. 이전 것들이 다 사라져 버렸기 때문이다." 그 때에 보좌에 앉으신 분이 말씀하셨습니다. "보아라, 내가 모든 것을 새롭게 한다." 또 말씀하셨습니다. "기록하여라. 이 말은 신실하고 참되다." 계21:1-5

세상이 놀라다

사람들이 그가 걸어 다니는 것과 하나님을 찬양하는 것을 보고, 또 그가 아름다운 문 곁에 앉아 구걸하던 바로 그 사람임을 알고서, 모두 그에게 일어난 일로 매우 놀랐으며, 이상하게

여겼다.1-10

오순절에 임한 성령은 제자들을 변화시켰습니다. 그들을 강타한 성령의 물결은 새로운 공동체를 탄생시켰고, 이제 공동체의 담을 넘어 성전 미문으로 흘러갔습니다. 그리고 두 제자와 장애인 사이에서 벌어진 일을 목격했던 주변 사람들을 전율하게 했습니다. 주변 사람들이 충격을 받았던 이유는 두 가지입니다.

먼저, 그들은 장애인에게 벌어진 사건을 자신들의 두 눈으로 직접 목격했습니다. 조금 전까지 걷지 못해서 바닥에 엎드려 있던 사람이 벌떡 일어나 걷는 것을 본 것입니다. 얼마 전까지 자신의 처지를 비관하던 사람이 기쁨과 감동에 휩싸여 하나님을 찬양하는 소리를 들은 것입니다. 그런 종류의 이야기는 소문이나 전설로 종종 전해 듣거나, 성경에서 읽은 적이 있을지 모르겠습니다. 하지만 꿈이나 상상, 고대의 신화나 전설에서 가능해도 현실에선 불가능하다고 생각했던 일이 자신들 눈앞에서 벌어졌습니다. 직접 본 일이지만, 보고도 믿을 수 없는 일입니다.

둘째, 그들은 장애인이 성전 미문 앞에서 구걸하던 사람임을 알았습니다. 그래서 그들의 충격은 더 컸을지 모릅니다. 그들 자신이 가장 분명한 증인들이었기 때문입니다. 만약, 그들이 잘 모르는 사람에게 벌어진 일이라면, 그들은 쉽게 그 일을 조작이나 사기, 혹은 마술이나 쇼로 부정했을 것입니다. 현실적으로, 그런 기적은 불가능하며, 그런 일로 사람들을 속이고 세상을 혼란하게 경우는 허다하기 때문이지요. 하지만 이번 경우는 다릅니다. 그 사건의 장본인이 다름 아닌, 그들에게 익숙한 자리에서 구걸하던 사람이기 때문입니다. 한두 명이 예외적으로 알고 지낸 사람이 아니라, 이미 너무 많은 사람이 그의 얼굴과 모습을 기억하고 있던 사람이었습니다.

이처럼, 그 자리에서 오랫동안 길바닥에 엎드려 구걸하던 비참하고 불쌍한 사람이 순식간에 일어나, 하나님을 찬양하며, 성전 안으로 들어가는 모습을 지켜보던 사람들은 그야말로 "멘붕 상태"에 빠졌을 것입니다. 이성적으로 이해할 수 없고, 받은 충격을 말로 다 표현할 수 없어, 그저 입이 벌어지고 눈의 동공이 멈춘 채, 온몸에 소름이 돋았을 것입니다. 이처럼, 세속도시 한복판에 하나님 나라가 침투할 때, 세상은 정신줄을 놓을 수밖에 없습니다.

그들이 와서 듣다

그 사람이 베드로와 요한 곁에 머물러 있는데, 사람들이 모두 크게 놀라서, 솔로몬 행각이라고 하는 곳으로 달려와서, 그들에게로 모여들었다. 행3:11

누가의 묘사처럼, "모두 그에게 일어난 일로 크게 놀랐으며, 이상하게 여겼다"[10] 정말, 자신들 눈앞에서 벌어진 이 일을 이해할 수 없어서, 이 기막힌 상황에 어떻게 반응해야 할지 몰라서, 사람들은 극심한 충격에 빠졌습니다. 그렇다면, 그들이 정신을 차린 후에는 무슨 일이 벌어졌을까요? 우리가 이미 살펴본 사건, 즉 오순절의 방언 출현 이후 충격에 빠진 사람들에게 일어났던 일이 다시 한번 반복되었습니다. 왜냐하면, 이 기적을 현장에서 목격한 사람들은 결코 그대로 돌아설 수 없었기 때문입니다. 정녕, 이 기적의 현장에 함께 있던 사람들은 다시는 그 사건 이전의 삶으로 돌아갈 수 없었습니다. 이 땅에서 하늘을, 세속에서 성스러움을, 자연 속에서 초자연을 목격했기 때문입니다. 그래서 그들은 제자들을 향해 몰려갔습니다.

베드로는 다시 한번 사람들을 향해 예수를 증거했습니다. 이 모든 일은 오직 예수 때문에 가능했다고, 그러니 이제 우리가 해야 할 일은 회개하고 죄를 용서받는 것뿐이라고 말입니다.

그런데 바로 이 예수의 이름이, 여러분이 지금 보고 있고 또 잘 알고 있는 이 사람을 낫게 하였습니다. 이것은, 예수의 이름을 믿는 믿음에 힘입어서 된 것이니, 예수로 말미암아 그 믿음이 이 사람을 여러분 앞에서 이렇게 완전히 성하게 한 것입니다. 그러므로 여러분은 회개하고 돌아와서, 죄 씻음을 받으십시오. 그러면 주께로부터 편히 쉴 때가 올 것이며, 주께서는 여러분을 위해서, 미리 정하신 그리스도이신 예수를 보내실 것입니다. 행3:16–20

베드로의 입술을 통해 선포된 한마디 한마디가 청중들의 의식과 감정 속으로 파고들어 뿌리째 흔들었습니다. 이처럼, "성령의 칼, 곧 하나님의 말씀"엡6:17이 순간적으로 그들의 의식을 깨우고 양심을 파고들자, 그들은 감당할 수 없는 죄책감에 휩싸였습니다. 육체적 죽음의 공포보다 더 무서운 양심의 가책으로, 그들은 베드로 앞에서 전율했습니다. 그리고 바로 세례를 받았습니다.

이런 방식으로, 하나님 말씀은 제자들을 통해 세상 끝까지 전파되고, 그 말씀은 사람들을 계속 살렸습니다. 그리고 이렇게 살아난 사람들은 새로운 공동체를 형성하고, 이 땅에서 거룩한 역사를 만들었습니다. 누군가에겐 터무니없는 공상이고, 누군가에겐 실패한 꿈, 혹은 무모한 도전에 불과했던 세상이, 때로는 무척 느리고 무기력하게, 때로는 거침없이 도도하게 '성령 안에서 예수의 제자들을 통해' 이 어둡고 혼탁한 땅 위에 서서히 드러난 것입니다. 이 역사는 과거에 그랬듯이, 현재에도, 그리고 미래에도 지속할 것입니다. 우리 주 예수 그리스도께서 다시 오실 영화롭고 찬란한 그 날까지 말입니다.

그 나라를 꿈꾸며

종교사회학자들인 도널드 밀러와 테쓰나오 야마모리는 전 세계에서 일어나고 있는 성령운동을 조사했습니다. 그 결과물이 『왜 섬기는 교회에 세계가 열광하는가?』입니다. 이 책에서 그들은 세상에서 가장 위험하고 가난한 환경에서, 성령의 도움으로 새로운 세상을 꿈꾸었던 다양한 노력에 주목하고, 성령 운동이 사회개혁 운동으로 발전할 가능성을 탐구했습니다. 그들이 발견하여 소개한 수많은 인물과 단체, 그리고 운동 중에서, 저는 다음의 경우를 소개하고 싶습니다. 성령께서 교회를 통해, 그리고 교회 밖에서 어떻게 세상을 구하고 변화시키는지, 우간다의 '캄팔라 오순절 교회'Kampala Pentecostal Church의 사역이 중요한 모범을 제시한다고 생각하기 때문입니다.

우간다에서 에이즈는 2백만 명의 고아들을 양산해 냈다. 원래 이 아이들은 사촌이나 조부모에게 맡겨진 아이들이었다. 비록 최근에는 우간다에서 에이즈 발병률이 급격히 감소하기는 했지만, 많은 가족이 고아 입양으로 인해 공간의 문제를 안고 있다. 단 한 명의 아이도 가족으로 더 받아들일 수 없을 만큼 집의 공간이 비좁다. 그것으로 인해 내버려지거나 거리에서 사는 아이들이 큰 사회문제가 되고 있다. 이것은 우간다만이 아니라 아프리카의 많은 나라의 공통된 상황이다.

이 문제를 해결하기 위해 캄팔라 오순절교회는 혁신적인 시도를 구상했다. 그 교회는 여러 개의 집을 새로 지어 작은 마을을 만든 후에, 그 집에 8명의 아이와 그 고아들을 기르는 일에 헌신할 1명의 여성을 배치하기 시작했다. 각각의 집은 2살부터 12살까지의 아이들이 들어가 있으며, 나이가 다른 아이들을 골고루 섞어서 여느 평범한 가정과 같은 환경을 만들었다. 1992년에 시작한 이 프로그램을 통해 자라난 아이들이 벌써 결혼을 앞두고 있으며, 이 아이들을 기르기로 헌신했던 여성은 조만간 손자를 보게 될 상황이다.

캄팔라 오순절교회는 고아원을 세우지 않았다. 고아원 건립은 서구적인 사고방식이다. 대신에 그 교회 교인들은 일련의 마을을 건설했다. 사실 우리가 방문했던 세 군데의 마을 중에서, 현재 건축 중인 1개의 마을이 가장 발전된 형태였다. 교인들은 벌써 25개의 집을 지어 200여 명의 아이를 수용하고 있었다. 각각의 집들은 8개가 한 묶음이 되어 중앙의 커다란 잔디밭을 바라보도록 원형으로 배치되었다. 그 마을에는 아이들을 위한 학교가 있고, 교사들이 살 수 있는 사택도 건축했다. 더 나아가 그들은 우물도 파서 그 마을에 거주하는 사람뿐 아니라 인근 지역의 주민들도 이용할 수 있도록 하였다.

그 마을의 모든 가정에서 과부나 이혼한 여성이 가장이기 때문에, 교인들은 아이들에게 역할 모델이 될 수 있는 남자가 필요하다고 판단했다. 그리하여 '아버지의 마음 사역' Father's Heart Ministry이라는 프로그램을 시작했다. 적어도 1주일에 한 번 방문하여 2~3시간 아이들과 시간을 보내는 '아버지' 역할을 하는 사람들이 모든 가족에 생겨났다. 이 아버지들은 주중에 서로 만나서 아버지 역할에 제기되는 문제를 서로 나누고, 자신이 맡은 아이들과 각자의 필요를 놓고 기도한다. 가정에서 그들이 맡은 임무는 여느 아버지의 것과 같다. 아이들과 대화해주고, 숙제를 돌봐주고, 자녀가 잘못했을 때 바르게 지도하고, 더 중요한 것은 자녀들이 미래를 바라볼 수 있도록 눈을 열어주는 것이다. 이렇게 하는 목적은 단지 모든 '가정'에 1명의 아버지를 배치하려는 것이 아니라 모든 '아이'들이 교회 출신의 아버지를 1명씩 갖도록 하기 위함이다. 아버지들은 자신의 사역에 '아버지의 마음'이라는 이름을 붙였는데, 이 사역의 대표자는 다음과 같이 그 이유를 설명한다. "하나님은 아버지가 없는 자들의 아버지이십니다. 시68:5-6, 약1:27" 그리고 그들은 자신을 이 세상에서 하나님의 도구로 보고 있다.

이 가정들 뒤에는 든든한 후원 체계가 버티고 있다. 1주일에 1번씩 의사가 그 지역에 와서 진료 활동을 펼친다. 아홉 집마다 어머니를 관리하는 여성 감독이 배치된다. 왜냐하면, 이 마을의 어머니들은 물질이나 하루 쉬는 것 이상의 지원과 도움이 필요하기 때문이다. 그들은 아이들을 기르는 과정에서 상담과 정신적 지원이 필요하다. 그리고 사회복지사들이 있어서 법적 부모 역할에 수반되는 문제들이 잘 처리될 수 있도록 지역 공무원들과 협상한다. 여기에 오는 아이들은 대개 매우 큰 상처를 받은 후에 온다. 아이들은 영향 섭취를 충분히 하지 못했을 뿐 아니라 성격적으로도 기가 죽어 있고, 화를 잘 내고, 까다롭다. 아이들은 아직도 부모의 죽음에서 온 상처로 괴로워하고 있다. 더 나아가 몇몇 아이들은 상상할 수 없을 정도로 학대를 당했고, 그래서 소외감이 매우 심하다.

이런 아이들을 고치는 공식이란 어떻게 보면 매우 간단하다. 주어진 환경 속에서 이 아이들에게 조건 없는 사랑을 주는 것이다. 우리는 인터뷰를 진행하면서 아이들이 뼈만 앙상한 채로 풀이 죽어서 이 마을에 도착했다는 이야기를 수도 없이 들었다. 그 아이들이 지금은 살도 찌고 얼굴에 미소가 가득한 아이들로 바뀌었다. 그 변화는 아이들과 정기적으로 접촉했던 모든 사람에게는 보상과도 같다. 이것은 사람들에게 생명과 삶을 주는 사역이다. 그리고 캄팔라 오순절교회 교인들이 생각하는 기독교 복음의 정수를 반영하는 사건이기도 했다.[6]

에필로그

성령의 임재

성전 미문 앞에서 벌어진 이 사건을 읽으면서 우리가 특별히 주목해야 할 부분이 하나 있습니다. 그것은 '왜 이 사건이 사도행전 1, 2장이 아니라, 3장에 기록되었을까? 즉, 왜 이 사건이 오순절 성령임재 **이전**이 아니라 **이후**에 벌어졌을까?' 하는 것입니다. 특별히 사도행전이 예수의 부활과 승천 이후 지상에 남겨진 제자들이 심각한 위기 속에서 교회를 세우는 과정을 기록하고 있다면, 그리고 성전 미문 사건이 그 과정에서 결정적인 상황이라면, 우리는 당연히 이 과정의 동력과 사건의 원인에 주목해야 합니다. 이것이 사도행전 전체의 주제이자, 우리가 지금까지 다룬 교회론의 핵심이기 때문입니다.

먼저, 우리는 그날 제자들이 성전을 처음 방문한 것은 아니었음을 기억해야 합니다. 그들이 예루살렘에 거하는 동안, 다른 사람들처럼 관례에 따라 그들도 매일 정해진 시간에 성전에 올라 기도했을 것입니다. 그래서 그날도 제자들은 다른 날처럼 성전에 올라간 것입니다. "오후 세 시 기도하는 시간이 되어서, 베드로와 요한이 성전으로 올라가는데."행3:1 뿐만 아니라, 그 장애인도 그 날 구걸하러 성전 미문에 처음 나온 것은 아닐 것입니다. 사도행전은 이렇게 기록하고 있습니다.

> 나면서부터 앉은뱅이인 사람을 사람들이 떠메고 왔다. 그들은 성전으로 들어가는 사람들에게 구걸하게 하려고, 그 앉은뱅이를 날마다 아름다운 문이라는 성전 문 곁에 앉혀 놓았다.행3:2

그는 이미 오랫동안 하루도 거르지 않고 성전 미문에서 구걸해 왔습니다. 그렇다면, 제자들도 이미 여러 날 정해진 시간에 기도하러 성전에 올라갔고, 그 장애인도 성전 앞에서 매일 구걸했다는 말입니다. 기도 시간이 정해져 있고 출입문이 한정되어 있었으므로, 제자들과 걸인이 이전에도 마주쳤을 가능성이 매우 큽니다.

이처럼 그들은 매일 같은 시간, 같은 장소에 있었지만, 그동안 그들 사이에 어떤 접촉이나 특별한 사건은 없었습니다. 그런데 왜, 어떻게 3장에 기록된 것과 같은 일이 벌어졌을까요? 아마도 가능한 추측은, 오순절 사건 이전에는 제자들의 눈에 그 구걸하는 장애인이 보이지 않았던 것 같습니다. 아니, 육체의 눈으로 그의 존재를 확인했을지라도, 자신들과 상관없는 사람이라고 무시했을 것입니다. "그래서 뭐? 나하고 무슨 상관인데?" 혹은 "그 사람 불쌍하네. 하지만 나는 지금 바빠. 기도 시간이잖아."라고 하면서 말입니다. 이것은 그들이 특별히 악하거나 모질기 때문이 아닙니다. 신앙이 돈독한 사람이라도 그럴 수 있습니다. 어쩌면 남들보다 신앙이 돈독하고 경건했기에 그렇게 행동했을 수도 있습니다. 예수의 선한 사마리아인 비유가 그런 당시의 상황을 상징적으로 설명합니다.

> 예수께서 응답하여 말씀하셨다. "어떤 사람이 예루살렘에서 여리고로 내려가다가 강도들을 만났다. 강도들이 그 옷을 벗기고 때려서, 거의 죽게 된 채로 내버려 두고 갔다. 마침 어떤 제사장이 그 길로 내려가다가, 그 사람을 보고 피하여 지나갔다. 이처럼, 레위 사람도 그곳에 이르러서, 그 사람을 보고 피하여 지나갔다." 눅10:30-32

이 비유에서 예수가 언급한 제사장과 레위인 모두 당대의 대표적인 종교지도자들이며, 경건한 유대인의 표본입니다. 그들은 강도에게 폭행을 당하고 옷이 벗겨지고 거의 죽게 된 사람을 보고도 외면했습니다. 예수가 이들을 비유의 대상으로 설정한 것은 그런 일이 당시에 일반적인 현상이었음을 반증합니다. 그렇지 않다면 예수는 근거 없는 가짜뉴스의 유포자로 비난받아 마땅합니다. 이 비유가 지금까지 예수의 대표적인 비유로 기억되는 것은 이 비유가 가진 진실성과 보편성 때문일 것입니다. 그렇다면, 제자들이라고 크게 다를 리가 없습니다. 비록, 그런 가르침을 예수께 받았지만, 위기 속에 예수를 버렸던 그들이었기에 특히 그렇습니다.

그런데 사도행전 2장에서 예수가 약속하신 성령이 그들에게 강림하셨습니다. 그렇다면 예수가 약속하셨던 성령은 어떤 분입니까?

예수께서 그에게 대답하셨다. "누구든지 나를 사랑하는 사람은 내 말을 지킬 것이다. 그러면 내 아버지께서 그 사람을 사랑하실 것이요, 우리는 그 사람에게로 가서 그 사람과 함께 살 것이다. 나를 사랑하지 않는 사람은 내 말을 지키지 않는다. 너희가 듣고 있는 이 말은, 내 말이 아니라 나를 보내신 아버지의 말씀이다. 내가 너희와 함께 있는 동안에, 나는 너희에게 이것들을 말하였다. 그러나 보혜사, 곧 아버지께서 내 이름으로 보내실 성령께서, 너희에게 모든 것을 가르쳐 주시고, 또 내가 너희에게 말한 모든 것을 생각나게 하실 것이다." 요14:23- 26

예수께서 직접 제자들에게 설명하고 약속하신 말씀입니다. 예수는 제자들에게 보혜사 성령을 보내실 것이라고 약속하셨습니다. 그런데 그 성령이 오셔서 제자들에게 자신이 그동안 말했던 것을 생각나게 하고 그 뜻을 가르치며 예수의 가르침을 실천하도록 도우실 것입니다. 이것이 예수께서 약속하신 성령의 주된 사역입니다. 예수가 뿌린 제자 양육의 씨앗이 성령을 통해 비로소 열매를 맺게 된다는 말씀입니다.

이제 예수께서 약속하신 성령이 오순절에 제자들 위에 임하셨습니다. 그리고 예수의 약속처럼, 성령으로 충만해진 제자들 안에 주목할 만한 변화가 나타나기 시작했습니다. 방언, 복음선포, 기사와 이적 등이 성령 안에서 제자들을 통해 나타난 것입니다. 하지만 이런 초자연적 현상과 함께, 어쩌면 이런 초자연적 신비 현상보다 더 초월적이고 신비로운 기적이 제자들에게 나타났습니다. 예수의 예언처럼 성령이 오시면서, 제자들은 이미 예수께 들었으나 깨닫지 못했던 것, 예수께서 말과 행동으로 반복해서 가르쳤지만, 여전히 제자들이 핵심을 놓쳤던 것, 혹은 어느 순간 새까맣게 잊어버린 것을 다시 기억하고 깨닫기 시작한 것입니다.

예수는 율법의 핵심을 신명기 6장과 레위기 19장으로 요약하셨습니다. 한 율법 교사가 예수를 시험하여 어떤 계명이 중요한지 물었을 때, 예수께서 다음과 같이 대답하셨지요.

예수께서 그에게 말씀하셨다. "네 마음을 다하고 네 목숨을 다하고, 네 뜻을 다하여, 주 너의 하나님을 사랑하여라 하셨으니, 이것이 가장 중요하고, 으뜸가는 계명이다. 둘째 계명도 이것과 같은데 네 이웃을 네 몸 같이 사랑하여라 한 것이다. 이 두 계명에 모든 율법과 예언자들의 본뜻이 달려 있다."마22:37-40

이어서 마태복음 25장에서는 "여기 이 사람들 가운데서 지극히 보잘것없는 사람 하나"45를 대접하는 것이 곧 하나님을 대접하는 것이라고 양자를 동일시하면서, 율법의 핵심, 즉 구원의 본질을 단호하고 명쾌하게 천명하셨습니다. 선한 사마리아인의 비유는 이런 율법과 선지자의 강령을 구체적인 예화로 설명하신 것입니다. 그리고 예수는 자신의 공생애 동안 몸으로 그것을 실행하셨습니다. 변화산에서 내려와 귀신들린 아이를 치유하셨고눅9장, 갈릴리 호수의 폭풍우를 뚫고 거라사로 달려가 군대 귀신 들린 사람을 구하셨습니다.막5장 간음으로 죽음에 처한 여인요8장, 야곱의 우물가에서 만난 사마리아 여인요4장, 병든 자식을 위해 개인적 수모를 마다하지 않은 수로보니게 여인막7장의 사연에 귀 기울이고, 그들을 저주와 올무에서 자유롭게 하셨습니다.

이제, 성령에 사로잡힌 제자들이 마침내 예수의 마음을 이해했고, 그의 가르침을 깨달았으며, 예수처럼 살기 시작했습니다. 이제 그들의 눈에도 예수처럼 수많은 군중 틈에서 구걸하는 장애인이 보이기 시작했습니다. 그들은 예수처럼 사회적 편견이나 사람들의 눈총에 아랑곳하지 않고, 그에게 다가가 말을 걸고 손을 댈 수 있었습니다. 그리고 예수를 절대적으로 신뢰하며 그를 일으켜 세울 수 있었습니다. 마침내 그들이 진정한 예수의 제자가 된 것입니다. 이제 예수가 떠나도 그의 정신과 사역이 계속될 수 있게 되었습니다. 모두, 오순절 성령강림 이후 제자들에게 나타난 결정적인 변화들입니다.

신비적 합일

성령으로 충만하다는 것은 하나님의 통제하에 존재한다는 말입니다. 오순절에 성령이 제자들에게 임하자 "성령의 말하게 하심을 따라 각기 다른 방언으로 말하기 시작했다"라는 기록은 '성령 충만=하나님 통치' 라는 공식의 대표적인 예입니다. 같은 논리에서, 성령의 강력한 통치 아래에 놓인 제자들은 혀뿐만 아니라, 그의 존재 자체가 성령의 통제하에 들어갔습니다. 그들의 눈, 입, 손까지 그분의 의도대로 사용되고 작동하기 시작한 것입니다. 그래서 내가 보고 싶고 듣고 싶은 것만 보고 들은 것이 아닙니다. 내가 만나서 말하고 만지고 싶은 사람뿐만 아니라, 하나님께서 원하시는 사람을 만나고 말하고 만지게 된 것입니다. 이것은 단지 인간의 주체성이 상실되어 하나님에 의해 조종되는 로봇이 되었다는 뜻이 아닙니다. 그것은 마침내 제자들이 성령과 진정한 사귐코이노니아을 시작하면서, 성령의 뜻을 이해하고 그 뜻에 자발적으로 순종하고 협력하기 시작했다는 말입니다. 그렇게 창조 본래의 모습으로 회복되기 시작한 것입니다.

예를 들어, 겟세마네 동산에 계셨던 예수의 모습을 생각해 봅시다. 예수가 기도를 시작할 때 자신의 기도 제목이 있었습니다. 그래서 그의 첫 기도는 "나의 아버지, 하실 수만 있으시면, 이 잔을 내게서 지나가게 해 주십시오. 그러나 내 뜻대로 하지 마시고, 아버지의 뜻대로 하십시오."마26:39였습니다. 아버지의 뜻을 구하지만, 여전히 예수 자신의 뜻은 '잔이 지나가는 것'이었습니다. 예수 안에 두 가지 뜻이 충돌하고 있었던 것입니다. 이것은 바울 안에서도 똑같이 발견됩니다.

여기에서 나는 법칙 하나를 발견하였습니다. 곧 나는 선을 행하려고 하는데, 그러한 나에게 악이 붙어 있다는 것입니다. 나는 속사람으로는 하나님의 법을 즐거워하나, 내 지체 속에는 다른 법이 있어서 내 마음의 법과 맞서서 싸우고, 내 지체 속에 있는 죄의 법이 나를 사로잡는 것을 봅니다. 아, 나는 비참한 사람입니다. 누가 이 죽음의 몸에서 나를 건져 주겠습니까?

롬7:21-4

이것은 성령과 교제를 시작한 모든 그리스도인의 공통 현상입니다. 본체에서 떨어진 나뭇가지가 말라 죽어가듯이, 하나님과 단절된 상태가 죄인의 실체입니다. 분리되어 죽었어도 형태는 여전히 나무 모양을 유지하고 있는 것처럼, 하나님과 분리되어 죽은 인간도 겉모양은 예전과 다르지 않습니다. 하지만 그 안에 하나님의 생기가 사라졌기에 성경은 그를 죽었다고 선언합니다. 그런데 그가 성령을 받으면, 에스겔 골짜기의 마른 뼈들이 하나님의 생기로 다시 살듯이 죽은 죄인도 다시 살게 됩니다. 이 결정적인 사건을 신학적으로 '중생'重生, regeneration이라 부릅니다. 하지만 큰 병이나 사고로 죽음의 위기에 처한 사람의 경우, 비록 응급처치와 수술을 통해 생명이 돌아왔을지라도, 아직 건강을 충분히 회복하지 못했기에 꾸준한 재활이 필요합니다. 이 과정은 사람에 따라 걸리는 시간에 차이가 있습니다. 목숨이 돌아왔기에 금방 다시 뛰고 싶은 마음은 간절하지만, 현실적으로 몸이 말을 듣지 않습니다. 의욕과 몸 상태, 기대와 현실 사이에 간격이 존재하고, 그래서 마음의 갈등이 큽니다. 인간의 영적 상태도 비슷합니다. 자기 안에 선과 악, 하나님의 법과 죄의 법이 공존한다고 탄식하던 바울은 그런 자신의 실체에 절망하며 처절하게 탄식합니다. "나는 비참한 사람입니다."

하지만 이런 자아 분열과 갈등은 하나님과의 교제를 통해 서서히, 그러나 치열한 내적 싸움을 겪으며 마침내 하나님의 뜻에 순종하는 단계, 즉 하나님의 뜻과 내 뜻이 일치하는 단계에 이릅니다. 이 과정을 '성화' sanctification라고 부릅니다. 이 주제에 대한 신학적 논쟁이 매우 복잡하고 다양하지만, 본질과 구조는 같습니다. 성령 안에서 죄인이 하나님과 온전히 하나가 되는 것입니다. 하나님과 사귐이 깊어지면서, 하나님을 더 깊이 신뢰하고 사랑하게 됩니다. 그래서 마침내 죄인이 하나님의 뜻에 더욱 온전히 순종하게 됩니다. 예수의 경우도 비슷합니다. 하나님의 뜻을 알면서도 자기 뜻을 굽히지 않았던 예수께서 기도를 반복하면서 점점 더 하나님의 통치 아래 들어갑니다. 점점 더 자신의 욕심을 내려놓습니다. 그리고 마침내 기도가 극적으로 변합니다. "나의 아버지, 내가 마시지 않고서는 이 잔이 내게서 지나갈 수 없는 것이면, 아버지의 뜻대로 하십시오."마26:42 바울의 탄식도 성령 안에서 같은 변화를 경험합니다.

그것은 그리스도 예수 안에서 생명을 누리게 하는 성령의 법이 여러분 각자를 죄와 죽음의 법에서 해방하여 주었기 때문입니다.… 예수를 죽은 사람들 가운데서 살리신 분의 영이 여러분 안에 살고 계시면, 그리스도를 죽은 사람들 가운데서 살리신 분께서, 여러분 안에 계신 자기의 영으로 여러분의 죽을 몸도 살리실 것입니다.롬8:2,11

저는 이런 기적 같은 변화가 오순절 이후 제자들에게 나타나기 시작했다고 확신합니다. 성령이 제자들 가운데 거하심으로 그들의 영이 살아났고, 몸도 살아나기 시작했습니다. 즉, 그들의 영과 육, 존재 자체가 새로 태어난 것입니다.

> 누구든지 그리스도 안에 있으면, 그는 새로운 피조물입니다. 옛것은 지나갔습니다. 보십시오, 새것이 되었습니다.고후5:17

이처럼, 제자들도 성령 안에서 새로운 피조물, 새로운 존재가 되었습니다. 위기를 모면하기 위해 예수와의 관계마저 부정하고 도주했던 제자들이 이제는 공개적으로 성령의 인도하심에 따라 그를 "주와 그리스도"로 선포할 뿐 아니라, 예수처럼, 예수의 가르침처럼, 사회적·종교적으로 소외된 약자를 바라보고 말을 걸고 손을 대기 시작했습니다. 오랫동안 예수를 따르며 가르침을 받았어도, 심지어 예수를 주와 그리스도로 고백했음에도 예수를 떠났던 제자들이 마침내 예수와 하나가 된 것입니다. 그들의 고백뿐 아니라, 그들의 삶과 사역도 예수와 일치하기 시작한 것입니다. 그렇게 그들은 성화 되기 시작했고. 예수의 제자로 성장하기 시작했습니다.

바로 그 순간입니다. 태어나서 한 번도 걸어본 적이 없는 그 장애인이 제자들의 손에 이끌려 일어난 것이 말입니다. 그들이 성령 안에서 예수와 온전히 하나 되는 순간, 그리고 예수의 마음으로 하나님의 사람들을 바라보고 예수의 마음으로 그들을 환대했을 때, 하나님께서 그들 가운데에서 일하기 시작하셨습니다. 하나님의 백성이 하나님의 이름 아래 모여 하나님의 뜻에 순종할 때, 하나님이 뜻이 그들 안에 실현됩니다. 하나님 나라가 임하는 것입니다. "나라가 임하게 하시오며, 뜻이 하늘에서 이루어진 것 같이, 땅에서도 이루어지게 하시옵소서."마6:10

요한복음 6장은 소위 '오병이어의 기적'에 대해 기록하고 있습니다. 유월절이 임박한 어느 날 예수께서 제자들과 갈릴리 호수 건너편 산에 오르자 큰 무리가 모였습니다. 예수는 그들을 대접하고 싶어서 영리한 빌립에게 물으셨습니다. "우리가 어디에서 빵을 사다가, 이 사람들을 먹이겠느냐?"5 빌립은 "이 사람들에게 모두 조금씩이라도 먹게 하려면, 빵 이백 데나리온 어치를 가지고서라도 충분하지 못합니다."7라고 대답했습니다. 빌립의 판단에 의하면, 이 많은 사람에게 음식을 대접하는 것은 상당한 비용이 들기 때문에 현실적으로 불가능했습니다. 하지만 예수께서 빌립에게 기대하신 것은 그렇게 정밀한 경제적 계산이 아니었습니다. 예수에게는 배고픈 사람이 눈에 밟혔고, 그들의 허기를 해결해주는 것이 급하고 중요했습니다. 반면, 빌립에게는 배고픈 사람이 아니라 그들을 먹이는 데 필요한 돈이 더 중요했습니다. 예수는 어떻게 해서든 굶주린 사람들을 돕고 싶었지만, 빌립은 엄청난 비용에 눌리거나 그런 현실적인 이유 뒤에 숨어 문제를 회피했습니다. 이런 상황에서 예수는 아무 일도 하지 않으셨습니다.

그런데 바로 그 순간, 한 아이가 가져온 오병이어보리빵 다섯 개와 물고기 두 마리가 안드레의 손에 들려 예수 앞으로 왔습니다. 하지만 안드레에게도 이 문제를 해결하려는 의지나 기대가 컸던 것은 아닙니다. "그러나 이렇게 많은 사람에게, 그것이 무슨 소용이 있겠습니까?"9 오병이어를 예수께 드리며 안드레가 한 말입니다. 하지만 바로 그 순간, 예수께서 일하기 시작하셨습니다. 빌립의 합리적 계산이나 안드레의 정당한 우려가 아니라, 굶주린 사람들을 돕고 싶어서 자신의 식사를 내놓은 한 아이의 마음이 예수의 마음과 일치되면서 예수 안에서 불꽃이 일어난 것입니다.

예수께서는 제자들에게 사람들을 잔디에 앉히라고 명하셨습니다. 이어서 빵과 물고기를 들어 하나님께 감사를 드린 후 사람들에게 나눠주셨습니다. 결국, 오천 명의 사람들이 배부르게 먹고 열두 광주리가 남았습니다. 이 기적은 사복음서가 공통으로 기록하는 유일한 기적입니다. 이 오병이어 사건을 통해, 성경 기자는 우리에게 언제 그리고 어떻게 이 땅에 하나님 나라가 실현되는지를 강렬하게 보여준 것입니다. 성전 미문 앞에서 일어난 기적도 같은 맥락에서 이해해야 합니다. 예수의 마음과 우리의 마음이 일치될 때, 하나님의 뜻에 우리가 순종할 때, 우리 안에 그의 나라가 임합니다. 개인, 가정, 교회, 사회, 국가, 그리고 세상 모두 위에 말입니다. 그리스도교 영성의 핵심입니다.

우리는 교회입니다

교회에 다니는 것이 만만치 않은 시절입니다. 20세기 세계교회사에서, 특히, 한국 근대사에서 한국교회가 보여준 눈부신 활약과 성취를 생각할 때, 현재 한국교회의 모습은 아주 부끄럽습니다. 사람들이 교회에 다니기를 거부하고, 이미 많은 사람들이 교회를 떠났습니다. 심지어 교회를 지키고 있는 사람들조차 과거의 열정이나 미래에 대한 기대를 대부분 상실했습니다. 교회 밖에선 교회를 향한 날이 선 비판이 점점 더 거세지고, 교회 내부에선 불안과 냉소의 기운이 짙어져가며, 경계선 위에는 추억과 상처의 혼재 속에 번민과 갈등의 신음이 깊어져 갑니다.

그럼에도, 저는 교회에 대한 기대와 소망을 포기할 수 없습니다. 제 안에 남아 있는 지극한 불안과 뿌리 깊은 회의에도 불구하고, 저는 여전히 이 땅에 세워질 온전한 교회, 교회를 통해 성취될 세상의 변화를 앙망하며 기도합니다. 교회가 직면한 현실적 난관과 실제적 위기야말로 교회가 교회일 수 있는 최상의 환경, 최적의 생태계라 믿기 때문입니다.

　예를 들어, 교회의 모형으로서 이스라엘이 진가를 발휘한 때가 언제였을까요? 하나님의 은혜와 모세의 인도 아래에 이집트를 탈출하던 때, 하나님이 세운 사사들의 영도 하에 강성한 가나안 족속들과 씨름하던 때, 바빌론에서 말씀에 집중하며 망국의 설움을 견디던 때가 아니었을까요? 이 시절에는 정치 경제적으로 고통스러웠고 때로는 현실적인 위협과 유혹 앞에서 실패하고 하나님을 배반했지만, 끈질기게 하나님의 현존을 경험하며 하나님 백성으로서 분투했던 시절입니다. 반대로, 다윗과 솔로몬의 전성기 이후 독립국으로 지속한 이스라엘의 역사는 오히려 이스라엘의 '흑 역사'로 기억되고 있습니다. 이스라엘이 끊임없이 이방신과 혼합되고 주변 강대국을 의지하며 하나님을 욕보이던 시절 말입니다. 이처럼, 구약성경은 힘없는 하비루들이 제국과 강대국의 억압 속에서 오직 하나님만 신뢰하며 치열하게 살던 모습과 현실적인 안정과 번영 속에서 종교적 혼합주의와 우상숭배에 심취했던 모습을 극명하게 대조하여 보여줍니다.

　신약성경도 다르지 않습니다. 우리는 그리스도교의 상징이 십자가라는 사실을 기억해야 합니다. 예수의 사역은 십자가에서 절정에 달했으며, 제자들도 자기를 부인하고 십자가를 지고 예수를 따랐습니다. 그래서 예수 공동체, 예수의 제자들입니다. 그리고 로마제국의 박해와 유대교의 억압 속에 흘린 순교자들의 피 위에 교회가 세워졌습니다. 하지만 콘스탄티누스 황제에 의해 박해가 종식되고 제국의 후원으로 세속적 번영을 누리기 시작하자, 교회는 빠르게 본질을 상실하고 변질하였습니다. 바빌론과 로마로 상징되는 제국은 하나님 나라와 근본적으로 다릅니다. 그래서 아우구스티누스는 로마제국과 하나님의 도성City of God을 결코 동일시할 수 없었던 것입니다.

제국의 주체는 사치와 향락을 안전하게 누리기 위해 부를 독점합니다. 그들은 부의 지속적 획득과 공급, 보존을 위해 정부, 군대, 경찰, 학교, 언론, 종교 복합체로 카르텔을 형성하고, 제국 내의 대다수 백성은 체제 유지를 위한 값싼 노동력으로 동원됩니다. 제국의 지배체제는 그렇게 완성되고 견고하게 유지됩니다. 따라서 제국의 매혹적인 손길을 붙잡는 순간, 이 체제를 지지하고 그것에 순응하는 순간, 교회는 화려한 성전과 막대한 부, 황홀한 특혜와 권력, 우아한 귀족과 엘리트의 집결체이자 동맹세력으로 거듭나며, 제국의 중심과 정상으로 신분이 수직 상승합니다. 그러나 그것은 영혼을 팔아넘긴 파우스트와 스승을 배반한 가룟 유다의 운명을 맞이하게 됩니다. 따라서 교회가 본질을 유지하고 이상을 구현하는 최적의 생태계는 교회가 "세상의 나그네 된 하나님의 백성"으로 존재하는 시공간입니다. 가시밭에 핀 백합화처럼 말입니다.

해방 이후 지속한 정부와의 유착관계, 그로 인한 특혜와 특권이 사라진 지금, '개독교'라는 뼈아픈 비난처럼 개신교의 사회적 평판

이 바닥에 떨어진 지금, 끊임없이 교인 수가 줄고 교회들이 문을 닫는 지금, 지식인들과 청년들에게 외면당하며 교회의 장래가 암담해진 지금, 그래서 교회의 종교적·사회적 환경이 극단적으로 악화한 지금, 심지어 코로나바이러스-19로 교회의 신경계마저 마비된 듯한 지금, 이 모든 묵시적 현실을 온몸으로 경험하고 뼈저리게 인식하지만, 여전히 교회의 개혁과 부활의 꿈을 접지 못한 채, 자기를 부인하고 십자가를 지고 예수를 따르는 사람들이 있습니다. 성령의 임재와 제자들의 헌신을 통해 교회 안에, 그리고 교회를 통해 세상에 드러날 하나님 나라를 앙망하며, 오늘도 교회에 가는 사람들이 있습니다. 이 땅에 하나님 나라의 구현과 한국교회의 재구성을 꿈꾸며, 좁고 험한 길을 신명 나게 달려가는 사람들이 있습니다. 그야말로 이 시대를 위해 하나님이 남겨 놓은 사람들입니다. 이 사람들 때문에, 이들과 함께하시는 성령 하나님 때문에, 그리고 이들이 성령과 함께 꿈꾸고 실험하는 하나님 나라 때문에, 저는 여전히 교회에 대한 기대와 소망을 포기할 수 없습니다. 그래서 지금이야말로 교회가 세상의 빛과 소금으로 존재할 수 있는 '최고의 기회'라고 믿습니다. 잊지 맙시다.

우리는 교회입니다.

후주

1. 빈슨 사이난. 『세계오순절 성결운동의 역사』, 박명수 · 이영훈 공역 (서울: 서울말씀사, 2000), 27.

2. 로드니 스타크. 『기독교의 발흥』, 손현선 옮김 (서울: 좋은 씨앗, 2016), 141.

3. 루돌프 옷토. 『성스러움의 의미』, 길희성 옮김 (서울: 분도출판사, 2018), 48.

4. 제임스 데이비슨 헌터. 『기독교는 어떻게 세상을 변화시키는가』, 배덕만 옮김 (서울: 새물결플러스, 2014), 394.

5. 제임스 데이비슨 헌터. 『기독교는 어떻게 세상을 변화시키는가』, 397-98.

6. 도날드 밀러. 테쓰나오 야마모리, 『왜 섬기는 교회에 세계가 열광하는가?』, 김성건 · 정종현 옮김 (서울: 교회성장연구소, 2008), 89-90.